GOETHE
UND DES PUDELS KERN

Genehmigte Lizenzausgabe für Impian GmbH, Hamburg 2021
© Arena Verlag GmbH, Würzburg 2007
Alle Rechte vorbehalten

Umschlaggestaltung: Nele Schütz Design, München
unter Verwendung von Illustrationen von Joachim Knappe
Innenillustrationen: Klaus Puth
Gestaltung und Typografie: knaus. büro für konzeptionelle
und visuelle identitäten, Würzburg
Druck: CPI books GmbH, Leck
Printed in Germany

ISBN 978-3-96269-103-5

www.impian.de

ANDREAS VENZKE

GOETHE
UND DES PUDELS KERN

impian

Goethe
Goethe
Goethe

Johann Wolfgang von Goethe

Johann Wolfgang von Goethe (1749 – 1832) gilt als eines der letzten Universalgenies, einer der Menschen, die noch die ganze Welt verstehen wollten. Vor allem aber kennt man ihn als einen der größten Dichter, die es in Deutschland je gegeben hat.

Doch Goethe war noch viel mehr als nur Schriftsteller. Im Laufe seines langen Lebens leitete er ein Theater, beaufsichtigte die Feuerwehr, musterte Soldaten für die Armee, schuf Hunderte von Zeichnungen, sammelte Tausende von Steinen, studierte die Pflanzen, machte Versuche mit den Farben des Lichts und untersuchte menschliche Knochen. Außerdem bereiste er fast jeden Winkel Deutschlands. Goethe versuchte jeden Tag seines Lebens mit Aufgaben zu gestalten und möglichst immer schöpferisch zu sein. Wie seine große Figur Faust war er von einem starken Forscherdrang beseelt – er strebte sein Leben lang nach Wissen um den wahren Kern der Dinge. Er saß aber auch gern in Gesellschaft und aß und trank gut. Und bis an sein Lebensende machte er Frauen den Hof.

Mit Goethe sinkt eine Welt ins Grab, hieß es über ihn. Er hat ein ganzes Zeitalter beeinflusst. Dieses Buch berichtet von dieser Zeit und dem Leben dieses großen Dichters, von seinen wichtigsten Werken und von den Dingen, die ihn bewegten.

Kindheit in Frankfurt

Dass mein Leben etwas Besonderes ist, zeigt sich schon bei meiner Geburt. Ich habe deswegen später die Astrologen gefragt, an die ja immer noch viele glauben – ich auch. Sie sind begeistert darüber, wie bei meiner Geburt die Sterne am Himmel stehen. Nur der Mond ist mir nicht gewogen. Ich kann erst zur Welt kommen, als er untergegangen ist. Zuerst hält man mich für tot. Die Hebamme aber reibt meine Brust mit Wein ein und bringt mich so zum Atmen. Am Freitag, den 28. August 1749, werde ich, Johann Wolfgang Goethe, zur Mittagszeit geboren.

Ich bin der Erstgeborene. Leider sterben zu meiner Zeit noch viele Kinder bei der Geburt, manchmal auch die Mutter selbst. Meine Mutter Catarina Elisabeth bringt noch fünf Kinder zur Welt, aber nur eines überlebt: meine Schwester Cornelia, die ich sehr liebe.

Ich stamme nicht gerade aus einer armen Familie. In unserem Haus in Frankfurt, das viele Zimmer auf vielen Stockwerken hat, sind Frauen und Männer angestellt, die für uns kochen und putzen und auch mit uns Kindern spielen. Sonst spielt die Großmutter mit uns. Zu ihr gehen wir am liebsten. Sie erzählt die schönsten Geschichten und liest uns vor. Aber die größte Überraschung hat sie für uns an dem Weihnachten vorbereitet, als ich vier bin: In ihrem geräumigen Wohnzimmer lässt sie ein Puppenspiel aufführen. Als die kleinen Holzfiguren plötzlich zu leben beginnen, sitze ich mit offenem Mund da.

Mein Vater Johann Caspar sorgt dafür, dass ich eine gute Ausbildung bekomme. Ich muss dafür gar nicht in die Schule gehen. Die Lehrer kommen zu mir ins Haus.

Mein Vater nennt sich Kaiserlicher Rat, und weil er viel Geld geerbt hat, muss er nicht arbeiten gehen. Er gibt mir schon mit drei Jahren selbst Unterricht. Ich lerne auch fechten und reiten und tanzen. Als ich gut lesen und schreiben kann, ermuntert mich mein Vater immer wieder, Geschichten und Gedichte zu schreiben. Ich habe viel Spaß daran. Wenn ihm eine meiner Geschichten gefällt, drückt er mir manchmal ein Geldstück in die Hand.

Mein Vater selbst schreibt ein Reisebuch über Italien, wohin er als junger Mann gereist ist. Er zeigt mir immer wieder Zeichnungen aus diesem Land, besonders aus Rom, dieser großen, alten Stadt. Er schwärmt so sehr davon, vom Kolosseum, von der Peterskirche, der Engelsburg, als wollte er eigentlich dort wohnen und nicht in Frankfurt.

Als ich sechs bin, höre ich von einem schrecklichen Geschehen, das mir keine Ruhe mehr lässt. Ein Erdbeben hat die große Stadt Lissabon in Portugal zerstört. Die Erde bebte und schwankte, das Meer brauste auf, die Schiffe stießen zusammen und die Häuser stürzten ein. Es gibt in Lissabon viel mehr Tote als Frankfurt Einwohner hat. Von da an vergewissere ich mich immer wieder, ob unser Haus fest steht. Die Erwachsenen können mir nicht erklären, warum dieses Erdbeben geschehen ist. Es gibt große Kräfte in der Welt, sagen sie, die unergründlich sind. Der liebe Gott kann das eigentlich nicht gewollt haben, glaube ich.

Bald lese ich viele
und auch berühmte
Bücher. Darunter
sind die Klassiker
der Antike, der
alten Griechen und
Römer, Homer vor
allem und Vergil.
Natürlich lese ich
auch die Bibel. Besonders

ziehen mich aber die deutschen Volksbücher, Sagen und
Märchen an und ich höre von einer eigenartigen Geschichte,
von einem Mann namens Doktor Faust. Er hat seine Seele
dem Teufel verschrieben, um ganz neue Geheimnisse zu
erfahren. Diese Sage beschäftigt mich. Ich verstehe diesen
Doktor Faust ein wenig, dass der immer noch mehr wissen
will. Nichts macht so viel Spaß wie das Lernen.

Mit sieben lerne ich wieder etwas Neues: Die Menschen führen
Kriege. 1756 kommt es zu einem großen, dem so genannten
Siebenjährigen Krieg. Fast ganz Europa ist beteiligt. So kommt
es, dass französische Soldaten Frankfurt besetzen. Alles geht
drunter und drüber. In vielen Häusern werden Franzosen
einquartiert – auch bei uns. Unser Soldat ist der Stadtkom-
mandant Graf François de Thoranc, ein belesener und kluger
Mann. Er wird mein Freund. Ich spreche Französisch mit
ihm und er erzählt mir von seinem Land und von der Kunst.

*Im hinteren Teil dieses Buches findest du das Glossar –
hier kannst du die Erklärungen zu den Begriffen nachlesen!*

Er liebt die Malerei und holt sogar einige der angesehensten Frankfurter Maler in unser Haus. Sie sollen ihm Gemälde für die noch kahlen Wände seines Schlosses in Frankreich malen. So etwas habe ich noch nie gesehen: Da füllen diese Maler die Leinwand mit Farbe und es entsteht auf der weißen Fläche ein Bild, als könnte man hineingreifen. Ich würde auch gern Maler werden.

Die Jahre vergehen und ich mache immer mehr eigene Erfahrungen und gehe eigene Wege. Längst bin ich kein Kind mehr. Als mir der Bart sprießt, schlägt mir mein Vater vor, Jura zu studieren, am besten zuerst in Leipzig. Von dort könnte ich nach Wien gehen, weiter nach Italien, dann nach Paris. Ich stimme ihm zu. Als 16-Jähriger kenne ich das enge Frankfurt nun zu gut. Es ist ein Nest. Ich will die Welt sehen. Im Oktober 1765 ziehe ich zum Jura-Studium nach Leipzig.

Deutschland zu Goethes Zeiten

Als Goethe geboren wurde, gab es noch keinen deutschen Staat so wie heute. Stattdessen gab es über 300 kleinere und größere Staaten, die alle ihre eigene Politik betrieben und meistens von adeligen Herrschern, also von Fürsten, Herzögen, Grafen und so fort, regiert wurden. Es reichte das Wort eines Adeligen, um etwas zu entscheiden.

Anders ging es zu in einer Stadt wie Frankfurt am Main. Frankfurt hatte sich seit dem Mittelalter zu einer der  größten Städte Deutschlands entwickelt. Es war ein Stadtstaat mit 30.000 Einwohnern, eine »Freie Reichsstadt«. Hier hatte nicht mehr der Adel das Sagen, sondern eine bestimmte Klasse der Bevölkerung, die Patrizier: Kaufleute und Händler und Bankiers und Beamte. Wer in Frankfurt so sein Geld verdiente, entschied zusammen mit den anderen Patriziern über das Schicksal der Stadt. Es gab also bereits eine Art von Demokratie. Die Patrizier waren so angesehen und hatten so viel Einfluss, dass Goethe, der selbst dieser Klasse

Goethes Geburtshaus in Frankfurt/M. vor dem Umbau von 1755. Zeichnung/Lichtdruck, 1863 entstammte, schrieb:»Wir Frankfurter Patrizier hielten uns immer dem Adel gleich.«

Die Freiheit in einer solchen Freien Reichsstadt galt aber nicht für die Mehrheit der Bevölkerung, die Bauern, Arbeiter, Tagelöhner und Diener. Sie durften im Rathaus der Stadt nicht mitentscheiden. Ihnen war genau vorgeschrieben, wie sie sich zu verhalten hatten. Ein Tischler konnte nicht einfach einen Weinhandel eröffnen, die Tochter eines Zimmermanns den Sohn eines Bankiers heiraten oder ein Schuster mit dem Mantel eines Stadtoberen stolzieren.

Goethe als Patrizier freilich war in dieser Hinsicht keinen Beschränkungen unterworfen. Trotzdem fühlte auch er sich als junger Mann unfrei, in geistiger wie in praktischer Hinsicht. Noch war die Stadt von einer Mauer umgeben, mit Toren darin, die abends geschlossen und erst morgens wieder geöffnet wurden. Die Häuser standen dicht an dicht und besonders im Winter fehlte es an Licht und Wärme. Das Denken der Bürger reichte nicht über die Mauern der Stadt hinaus. Alles folgte engen Regeln und Vorschriften. Am Grün der Natur und an der Freiheit des Denkens konnte sich nur ergötzen, wer die Stadtmauer hinter sich ließ.

Student in Leipzig

In Leipzig, auch Klein-Paris genannt, öffnet sich für mich die Welt. Die Stadt ist modern: Es gibt dort viele große Plätze, auch Promenaden, wo man entlangschlendert und sich den anderen Bürgern zeigt. Man ist viel modischer als in Frankfurt. Ich komme mir etwas hinterwäldlerisch vor, weil ich merke, wie man sich über mich lustig macht. Zwar trage ich teure englische Stoffe, doch sind meine Hosen, Westen und Hemden nicht gerade die neuste Mode.

Außerdem wird mir bewusst, dass ich einen starken Frankfurter Dialekt spreche, der recht derb sein kann. Das kommt aber in Leipzig nicht gut an.

So weiß ich manchmal kaum mehr, wie ich über die einfachsten Dinge sprechen soll. Und dann höre ich, man solle reden, wie man schreibt, und schreiben, wie man redet. Für mich sind das aber zwei Paar Stiefel.

Ich kleide mich neu ein und versuche, vornehm zu sprechen. Ich will auch modern sein. Dabei hilft mir ein Mann, der elf Jahre älter ist als ich. Ernst Wolfgang Behrisch heißt er und

ist Hofmeister, das heißt Lehrer und Erzieher eines Fürsten-
sohnes. Er weiß genau, wie man sich richtig benimmt. Freilich
macht er auch viel Unsinn mit mir.
Mir gefallen einige Mädchen und ich verliebe mich schnell.
Aber die Liebe bricht mir auch immer schnell das Herz. Besonders habe ich mich in ein einfaches Mädchen verliebt,

Käthchen Schönkopf, die gar nicht von
meinem Stand ist. Ich werbe um sie, aber sie lässt mich nicht.
Ich schreibe auch Lieder. Die veröffentlicht Behrisch sogar
als kleines Büchlein. Ich verschenke Exemplare davon, auch
an meine Freundinnen.

Das Studium langweilt mich bald. Wir sollen immer nur nachschreiben, was uns vorgesagt wird. Es zieht mich eher zu den Künsten hin. Ich nehme Unterricht im Zeichnen, Malen, Radieren und Kupferstechen. Einer meiner Lehrer heißt Adam Oeser. Bei ihm lerne ich am meisten. Er lehrt, dass in Bildern und bei Bauwerken Schnörkeleien nur vom Wesentlichen ablenken. Es kommt auf die einfache Linie an. Sein Vorbild ist die Antike, die alten Griechen und Römer.

Bald merke ich, dass ich unter dem Leben in Leipzig leide. An der Universität komme ich kaum voran und die geselligen Abende und der Umgang mit den vielen netten Mädchen werfen mich aus der Bahn. Ich merke, wie mich das alles krank macht. Dazu kommt das schwere Bier, das ich trinke, der Kaffee, der zusammen mit Milch meine Eingeweide lahmlegt. Vor allem ist es wohl nicht gut, kalt zu baden und auf hartem Lager nur leicht zugedeckt zu schlafen. Es heißt, so würde man abhärten.

Im Juli 1768 rächt sich mein Körper. Mitten in der Nacht wache

ich auf, weil mir plötzlich Blut aus dem Mund tritt. Ich habe gerade noch die Kraft, meinen Stubennachbarn zu wecken, der sofort den Arzt ruft. Mehrere Tage schwanke ich zwischen Leben und Tod. Als ich endlich genese, fühle ich, dass ich mein Leben neu beginnen muss. An meinem 19. Geburtstag fahre ich wie ein Schiffbrüchiger nach Hause zurück. Ich freue mich auf meine Schwester, die ich so lange nicht gesehen habe. Cornelia hegt und pflegt mich, als ich wieder in Frankfurt bin. Auch sie hat gerade eine unglückliche Liebe hinter sich. Nun wendet sie ihre Zuneigung ganz auf mich. Wir entwickeln sogar eine Geheimsprache.

Ich möchte gern ein großes Werk zu Papier bringen, das mir auf der Seele brennt: Immer noch denke ich an Doktor Faust, der um jeden Preis erkennen wollte, was die Welt im Innersten zusammenhält. Faust passte sich nicht an, er folgte keinen Regeln und handelte sogar mit dem Teufel. Ich kann das alles mit Cornelia besprechen, und sie macht mir Mut.

Mit meinem Vater komme ich gerade gar nicht klar. Er ist enttäuscht, dass ich in drei Jahren nicht vorangekommen bin. Er glaubt nicht recht, dass ich nicht wieder gesund bin, und will, dass ich weiterstudiere. Aber dazu kann ich mich nicht durchringen.

Ich komme gerade nicht zurecht in der Welt. Ich möchte gern eine Frau an meiner Seite, aber ich habe Angst, mich zu binden. Und Käthchen geht mir nicht aus dem Sinn. Ich schreibe ihr immer wieder.

Vielleicht kann mir Gott helfen oder die Magie. Ich lese wieder wie früher die Bibel, aber auch geheimnisvolle Schriften und Werke des Paracelsus. Manchmal ziehe ich mich wie ein Mönch zurück. Mein Zimmer sieht bald aus wie ein alchemistisches Labor, voll mit unterschiedlichsten Dingen, einer toten Amsel, einer Alraune, einem Tigerauge oder einem Bergkristall. Manchmal raucht und zischt es, wenn ich versuche, eine vielleicht noch unbekannte Substanz herzustellen.

Außerdem lehrt mich eine Freundin meiner Mutter, Susanne von Klettenberg, die Welt und ihre Geheimnisse zu begreifen: Man muss arbeitsam und fromm, aber auch heiter sein, und man muss versuchen, die Natur um sich herum zu verstehen. Ich ringe mit mir, um auch mich selbst richtig zu verstehen.

Als 1770 das Osterfest naht, ist es so weit: Ich habe mich wieder gefangen und bin voller Lebensmut. Wie die Natur blühe auch ich auf. Außerdem höre ich, dass mein geliebtes Käthchen heiraten wird. Diese Nachricht trifft mich, aber sie befreit mich auch. Nun hat es keinen Sinn mehr, mich nach ihr zu verzehren. Ich schreibe ihr einen letzten Brief.

Nun will ich mein Jurastudium abschließen, aber nicht in Leipzig. Ich mache mich auf in den Süden, nach Straßburg, von wo ich nach Paris gehen will.

Aufklärung und Sturm und Drang

Zur Zeit von Goethes Geburt setzte sich in den gebilde-
ten Kreisen Deutschlands die so genannte Aufklärung
durch: Man löste sich in seinem Denken von der Religion,
die bis dahin das Leben der Menschen bestimmt hatte.
Stattdessen setzte man auf die Vernunft. In Deutschland
war der Philosoph Immanuel Kant (1724–1804) der wichtigste Vertreter der Aufklärung.
Für die Literatur bedeutete das neue Gedankengut, dass
die Schriftsteller ihr Publikum ganz wörtlich aufklären
wollten: Mithilfe des Buches und des Theaters wollten
sie die Welt erklären, um sie zu verbessern. Daher gab
es in der Literatur eine große Gelehrsamkeit.
Dabei richtete man sich in Deutschland stark an Frankreich aus und ahmte die französische Literatur nach, die
in dem großen, einheitlichen Königreich aber an feste
Formen gebunden war. Zur Zeit des jungen Goethe war
Frankreich in punkto Mode, Sprache und Kultur das große Vorbild. Das ging so weit, dass der Preußenkönig
Friedrich II. (1712–1786), der einflussreichste deutsche
Anhänger der Aufklärung, seine Schreiben auf Französisch abfasste. Deutsch, so sagte er selbst, sprach er
nur wie ein Kutscher.
Das Ergebnis war eine Literatur, die in formalen Regeln er-
starrt war. Es gab freilich auch künstlerische Neuerungen
und besonders Gotthold Ephraim Lessing (1729–1781)
schuf mit seinen Theaterstücken reine und klare Kunst-

werke. Doch ein wirklicher Bruch erfolgte erst mit Persönlichkeiten, die ganz neue Wege einschlugen. Entscheidenden Einfluss hatten dabei die Werke William Shakespeares (1564–1616), die, von Christoph Martin Wieland (1733–1813) übersetzt, ab 1762 auf Deutsch erschienen.

Wie im Leben so auch in der Literatur kämpfte die Jugend gegen das, was sie vorfand. Nach einem Drama Friedrich Maximilian Klingers (1752–1831), eines ihrer Vertreter, nennt man diese Epoche *Sturm und Drang* oder auch *Geniezeit*. Unter der Anleitung Johann Gottfried Herders (1744–1803) wandten sich die jungen Dichter gegen die Vernunft, gegen die für alle gleichen Regeln. Was zählen sollte, waren das eigene Gefühl, Leidenschaft und Natürlichkeit. Das eigene Erleben sollte im Vordergrund stehen. Auch die Sprache sollte sinnlich und nicht durch Regeln eingezwängt sein. Und man blickte zurück in die deutsche Geschichte, weg von Frankreich, und entwickelte einen eigenen Nationalstolz.

Der junge Goethe sollte die Leitfigur der jungen »Stürmer und Dränger« werden, verspätet gefolgt von Friedrich Schiller (1759–1805).

Johann Gottfried Herder (1744–1803).
Gemälde, 1775

Student in Straßburg

In Straßburg bin ich wie betäubt vom Anblick des Münsters.
Ich habe kaum ein Zimmer bezogen, da eile ich schon zu
dieser Kirche. Das Straßburger Münster ist das höchste Gebäude der Welt und schattet ganze Häuserzeilen ab. So etwas
Kolossales habe ich noch nie gesehen. Es ist im gotischen *
Stil gebaut, einem wirren Stil. Doch wenn man vor dem
Gebäude steht und sieht, wie es zum Himmel aufsteigt,
begreift man, was die Menschen im Mittelalter geleistet
haben. Dieses Wunderwerk ist deutsche Baukunst, unsere
Baukunst, denke ich.
Ich besteige das Münster immer wieder und genieße manchmal stundenlang den Ausblick. Um meine Höhenangst zu
bekämpfen, ersteige ich sogar ganz allein die höchste Spitze
des Münsterturms, wo ich mich auf eine nur armlange Platte
stelle und das unendliche Land betrachte. Es ist, als ob man
sich auf einer Montgolfiere * in die Luft erhoben hätte.
Nicht nur angesichts des Münsters erkenne ich die großartige
deutsche Vergangenheit: Im Elsass höre ich deutsche Märchen, Sagen und Lieder. Alles das erscheint mir so ursprüng-
lich, echt und wahr. Was zählt der Verstand, denke ich mir,
es gilt doch das Gefühl.
Immer wieder lasse ich die Stadt hinter mir. Ich reite aus und
unternehme lange Reisen durch das Land. So viele Geschichten

höre und erlebe ich, dass
es in mir summt und
klingt.

Ich lerne den Dichter
Johann Gottfried Herder
kennen. Er ist fünf
Jahre älter und fühlt
wie ich. Er spricht
begeistert über das
deutsche Mittelalter,
über die Dichtung
und die Sprache
des Volkes. Dabei
glaubt er, dass
immer nur wenige
Menschen die
Ideen vorgeben,
wie Homer und
Shakespeare. Als
Genies überragen
sie die anderen.
Ihre Werke sind
aus dem Leben
gegriffen und
unver-
fälscht.

Einer meiner Ausflüge führt mich zu dem hübschen Dorf Sesenheim. Dort steht alles an seinem Platz wie seit Jahrhunderten und alles hat seinen Sinn und Zweck. Es gibt keinen Grund für Lüge und Streit. Immer wieder besuche ich dort die Pfarrersfamilie Brion, die mich herzlich aufnimmt.

Bei diesen Menschen kann ich ganz ich selbst sein. Ich empfinde von Anfang an eine große Zuneigung für die ältere Tochter der Familie, Friederike. Als ich sie zum ersten Mal sehe, geht für mich ein allerliebster Stern auf. Wir tanzen, singen, halten Händchen, gehen spazieren und necken uns ständig. Unsere Gefühle sind groß und tief.

Ich schreibe viele schön zu singende Gedichte, zum Beispiel *Willkommen und Abschied, Mailied* oder das *Heidenröslein:*
»Sah ein Knab ein Röslein stehn, Röslein auf der Heiden ...«

Am Ende muss ich Friederike verlassen. Sobald unser Herz weich ist, ist es schwach. Ich will mich noch nicht binden. Als ich schon auf dem Pferd sitze, reiche ich ihr zum letzten Mal die Hand. Doch verabschieden tue ich mich in einem Brief. Ich fühle mich deswegen nicht gut. Man darf nicht in die Gefühle eines Menschen eindringen und ihn dann allein lassen. Ich schäme mich ein wenig.

Ich habe Großes vor und will Großes leisten. Also gehe ich endlich mein Studium an und verfasse mithilfe von Freunden eine Arbeit, die mich zum Lizentiaten macht. Doktor der Juristerei sollte ich eigentlich werden, so will es mein Vater. Doch eine Arbeit, die mich zum Doktor gemacht hätte, wird leider nicht anerkannt.
Aber auch als Lizentiat kann ich eine Kanzlei eröffnen und als Anwalt arbeiten.
Im August 1771 reise ich zurück nach Frankfurt. Meine juristische Ausbildung reicht mir erst einmal.

In unserem Haus in Frankfurt richte ich eine Kanzlei ein und mir werden gleich verschiedene Fälle übertragen. Es geht immer um irgendwelchen Streit, ob einem etwas gehört oder nicht. Mein Vater hilft mir bei der Arbeit, die mir bald lästig wird.

Ich habe den Kopf voller anderer Ideen. Ich will etwas auf dem Papier schaffen, was einzigartig ist. Ich bin auf die Aufzeichnungen eines Götz von Berlichingen gestoßen. Dieser Götz hat im Mittelalter in einer Fehde die rechte Hand verloren. So wie ich es sehe, hat er sich nicht dem Verrat und dem Hinterhalt gebeugt. Er ist die rechte Figur, um einmal zu zeigen, wie man allein in der Welt bestehen kann.

So schreibe ich in wenigen Wochen das Schauspiel *Götz von Berlichingen mit der eisernen Hand*. Ich zeige darin, wie in der Welt die echten Gefühle und die Freiheit verloren gehen und wie stattdessen Missgunst, Neid und List regieren. Der Ritter Götz von Berlichingen stirbt im Kampf gegen eine Welt voller Regeln, Gelehrsamkeit und übler Machenschaften.

Beim Schreiben habe ich immer im Sinn, wie William Shakespeare seine Werke verfasste, nämlich in freier Form. Er ließ sich nicht einzwängen. An einem wie ihm kann ich mich aufrichten. Er war ein echtes Genie. Shakespeare beeinflusst mich stark. Er spricht die Sorgen und Gefühle der Menschheit aus.

Den *Götz von Berlichingen* lasse ich abschreiben und schicke das Stück einigen Freunden, denen ich vertraue, darunter auch Herder. Er kritisiert einiges daran und ich schreibe das Schauspiel um. Bis es gedruckt wird, vergeht noch einige Zeit.

Mein Vater unternimmt noch einen Versuch, mir mit der Juristerei auf die Sprünge zu helfen. Er rät mir nach Wetzlar zu gehen, an das Reichskammergericht. Dort hat auch er als junger Mann gelernt.

Ich folge seinem Rat. Frankfurt ist mir sowieso wieder zu eng geworden.

Das klassische Theater und der Einfluss Shakespeares

Es mag seltsam erscheinen, aber das moderne deutsche Theater, das mit Goethes Drama *Götz von Berlichingen* (1771) begann, orientierte sich an dem Engländer William Shakespeare (1564–1616). Als zur Zeit des jungen Goethe die Dramen Shakespeares in Deutschland bekannt wurden, war die Wirkung so groß, dass man Shakespeare sogar zu den deutschen Dichtern rechnete.

Wie die gesamte Kunst war zu jener Zeit auch das Theater in Deutschland ein Spiegelbild des französischen. Es war »standesgemäß« und folgte ganz bestimmten Regeln. So musste es eine Einheit von Ort, Zeit und Handlung geben, das heißt, die Handlung musste an einem Ort und an einem Tag stattfinden. Außerdem hielt man sich an eine bestimmte Art von Entwicklung, die auf den Griechen Aristoteles (384–322 v. Chr.) zurückging. In fünf Akten gab es zuerst eine gezielte Einführung der Figuren und der Handlung, dann die Entwicklung zu einem Konflikt, darauf seine Zuspitzung, eine scheinbare Lösung zur Spannungssteigerung und am Ende als Katastrophe die Lösung des Konflikts. In einem solchen Drama traten nur hohe Herrschaften auf, die gehoben sprachen.

Bei Shakespeare dagegen gab es nicht nur verschiedene Schauplätze an verschiedenen Orten zu verschiedenen Zeiten, auch die Handlung ging oft wirr voran und konnte sich in mehrere Handlungsstränge verästeln. Außerdem traten Personen aus dem einfachen Volk auf, und es wurde, wenn nötig, nicht nur schmucklos gesprochen, sondern derb. Das shakespearesche Drama war aus dem Leben gegriffen und setzte sich über die Form hinweg. Goethe und das deutsche Drama des *Sturm und Drang* ahmten das nach.

Die Wirkung war enorm: Mit *Götz von Berlichingen* kam die Zeit der heldenhaften Dramen, wo vermeintliche Genies an ihrer missliebigen Umwelt scheitern und zu Grunde gehen. Alles sollte natürlich und echt wirken, auch die Sprache. Bei Goethe gibt es als schlagendes Beispiel das berühmte Götz-Zitat, das noch heute jeder kennt und das auch noch heute oft mit Auslassungspunkten am Ende geschrieben wird: »Vor Ihro Kaiserliche Majestät

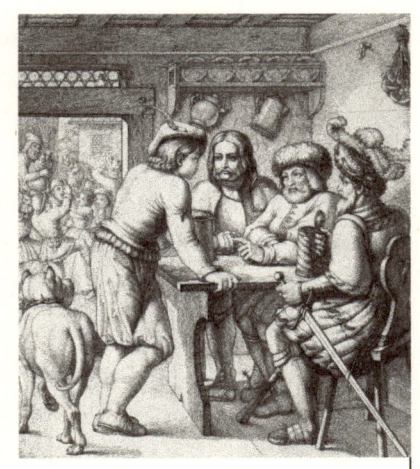

hab ich, wie immer, schuldigen Respekt. Er aber, sag's ihm, er kann mich im Arsche lecken!«

Mit dem *Götz* traf Goethe genau den Geist der Zeit. Kurz darauf gelang ihm dies noch mit einem anderen Stück Literatur: *Die Leiden des jungen Werther.*

Illustration zum *Götz von Berlichingen*: Die Bauernhochzeit. Kupferstich, 1833

Keine Neigung zum Juristen

Anfang Mai 1772 treffe ich in der kleinen Reichsstadt Wetzlar ein. Mich führt eher die Lust dorthin, meinen Zustand zu verändern, als der Trieb nach neuen juristischen Kenntnissen. Das Städtchen mit seinen 5.000 Einwohnern liegt in der Nähe von Frankfurt. In Wetzlar befindet sich seit 1693 das höchste Gericht des zersplitterten Deutschen Reiches. Es soll vor allem den Frieden regeln. Es soll strafen, wenn etwa ein Fürst zu Unrecht Krieg führt. Außerdem kann es neu entscheiden, wenn jemand im Land ein Gerichtsurteil nicht anerkennen will.

Mir erscheint es wie ein Gespenst aus einer fernen Zeit – oder doch wie der Geist von heute. Überall gibt es Kleingeisterei, Verfall und Bestechung. Im Reichskammergericht werden die Fälle so lange bearbeitet, bis sie nicht mehr zu überschauen sind. Oder die Fälle werden erst gar nicht bearbeitet. Davon gibt es inzwischen etwa 20.000. Einige warten seit 200 Jahren auf ihren Abschluss. Mich zieht es kaum in dieses Gericht. Als ich seine Arbeitsweise begreife, meide ich seine Kammern.

Dabei sind die Mitarbeiter des Gerichts meist junge, muntere Leute, die gar nicht sauertöpfisch sind und mich freundlich aufnehmen. So sitzt man mittags an einer großen Wirtstafel zusammen und spielt Ritter: Alle haben ritterliche Titel und Namen. Ich persönlich bin Götz von Berlichingen, der Redliche. Selbst eine schlichte Mühle am Ort wird so zum Schloss und der Müller zum Burgherrn.

In diesen Kreisen lerne ich bald auf einem Ball eine junge Frau kennen, die mir sehr gefällt. Sie heißt Charlotte Buff und ist leider schon seit Jahren mit Johann Christian Kestner verlobt, mit dem ich mich auch anfreunde. Wir unternehmen lange Wanderungen in den nahen Wäldern, unterhalten uns ausgiebig über Literatur und Kunst und haben viel Spaß.

Da aber Charlotte unerreichbar für mich ist, bleibt mir am Ende nur, mich von ihr und ihrem Mann zu trennen. Schon wieder leide ich an einer unerfüllten Liebe. Am 11. September verlasse ich am frühen Morgen die kleine Stadt, ohne mich zu verabschieden, und fliehe in die Natur.

Auf meinem Weg besuche ich eine Familie, von der mir erzählt worden ist. Dort werde ich gastfreundlich aufgenommen. Wieder verfalle ich dem Charme eines Mädchens, und zwar der 16-jährigen Maximiliane von La Roche, die ebenfalls schon vergeben ist. Doch ehe ich diesmal zu sehr in Gefühle verstrickt werde, gibt man mir zu verstehen, dass es besser ist, abzureisen.

Zurück in Frankfurt versuche ich mein ganzes Liebesleiden in Literatur umzuformen. Ich denke wieder an den Faust, dem der Teufel sogar ein Mädchen versprochen hat. Dann erfahre ich, dass sich in Wetzlar Carl Wilhelm Jerusalem, ein Bekannter von mir, erschossen hat.

Alles das gärt in mir. Noch später höre ich, dass Lotte heiratet, dann auch Maximiliane. So darf ich an beide nun keinen Gedanken mehr verschwenden.

Außerdem bedrückt es mich sehr, dass auch meine Schwester geheiratet hat, einen Freund von mir: Johann Georg Schlosser. Ich meine, sie ist nicht für die Ehe geschaffen, doch will sie nicht auf mich hören. Sie fühlt sich sehr glücklich.

Um nicht zu enden wie mein armer Freund Jerusalem, beschließe ich, mir meine Sorgen von der Seele zu schreiben. In nur vier Wochen verfasse ich 1774 ein Büchlein mit dem Titel *Die Leiden des jungen Werther.*

Ich versetze mich in die Person eines jungen Mannes, den ich Werther nenne. Den lasse ich Briefe an seinen Freund Wilhelm schreiben. Ich schreibe wie im Rausch, einem Nachtwandler ähnlich.

Aus den Briefen dieses Werther geht hervor, dass er versucht, aus dem engen Leben seiner Stadt zu entkommen. Er zieht in einen Ort, der W. abgekürzt ist, und lernt dort die junge Frau Lotte kennen. Er verliebt sich in sie und tauscht mit ihr seine tiefsten Gefühle und Gedanken aus. Weil aber Lotte zu ihrem Mann Albert gehört, flieht Werther eines Tages. Er will sich mit einer geregelten, bürgerlichen Arbeit ablenken. Doch fühlt er sich in den hohen gesellschaftlichen Kreisen, in die er sich begibt, nicht wohl und kehrt nach W. zurück. Am Ende erzähle ich als erfundener Herausgeber des Buches, wie Lotte Werther endgültig von sich weist und der sich daraufhin eine Kugel in den Kopf schießt. Ich lasse das Buch enden, indem Werther nachts fast heimlich begraben wird. Lotte ist nicht dabei. Die letzten Sätze lauten: »Man fürchtete für Lottens Leben. Handwerker trugen ihn. Kein Geistlicher hat ihn begleitet.«

Die Arbeit an diesem Buch ist für mich wie eine Befreiung. Zu meinem Erstaunen treffen die Gefühle, die ich darin schildere, genau die Gefühle so vieler anderer junger Leute. Ich kann es gar nicht glauben, wie oft das Buch in kurzer Zeit neu gedruckt wird. Der Erfolg des *Werther* lässt mich endgültig zum Schriftsteller werden. Doch so ganz angenehm ist mir der große Zuspruch gar nicht. Immerhin können viele genau erkennen, wer welche Personen im wirklichen Leben sind.

Mit meinen 25 Jahren bin ich nun wirklich berühmt. Ich merke es vor allem daran, wie viele andere Schriftsteller, Künstler und berühmte Personen mich sehen und sprechen wollen. Unter all diesen Leuten begegne ich auch einem jungen Adeligen, Herzog Karl August von Sachsen-Weimar-Eisenach mit Namen. Er lädt mich an seinen Hof nach Weimar ein.

Die Leiden des jungen Werther

Der Briefroman *Die Leiden des jungen Werther* gibt unmittelbar die Erlebnisse Goethes in Wetzlar wieder. Alle Figuren darin lassen sich leicht auf wirkliche Personen beziehen: Werther auf Goethe, Lotte auf Charlotte Buff, Albert auf Johann Christian Kestner und so weiter. Auch die Handlung enthält viele Erlebnisse Goethes in Wetzlar.

Der Roman ist eines der erfolgreichsten Bücher in der deutschen Geschichte. Dabei handelt das Büchlein ausschließlich von Gefühlen und umfasst nur die Gedanken einer Person, die des Werther. Er hat sich in eine Frau verliebt, die schon an einen anderen Mann vergeben ist. Weil er auf Erden nicht mit ihr zusammen sein kann, wünscht er sich, im Himmel hoffentlich bei ihr zu sein, und begeht Selbstmord.

Dass Werther wegen seiner Liebe in den Tod ging, forderte die Menschen heraus. Denn nach Sitte und Moral der Zeit war Werthers Tat ein großer Frevel. Goethe jedoch verlangte in seinem Roman sogar Verständnis für den verzweifelten Liebenden. Er zeigte allen offen die Gedanken eines leidenden jungen Mannes. Das war neu in der Literatur. Obwohl der Roman bald langweilen müsste, weil der Leser immer nur Werthers Gedanken liest, entwickelt

Charlotte Buff.
Pastell, um 1790

sich doch eine eigene Spannung. Sie wird gesteigert, indem immer deutlicher wird, dass Werther seine Liebe zu Lotte und damit sein eigenes Leben als aussichtslos ansieht. Zugleich wird auch die Sprache immer gehetzter und aufwühlender.

Der *Werther* war ein monumentaler Erfolg und löste geradezu ein »Werther-Fieber« aus. Das Buch drückte genau das Lebensgefühl der jungen Leute aus den bes-

seren Kreisen aus: Man sah sich überall durch Regeln eingeengt und wollte etwas Großes, Tiefes und Echtes erleben. Die jungen Leute begannen sich wie Werther zu kleiden. Es wurde Mode, mit »blauem einfachem Frack«, »gelber Weste und Beinkleidern« herumzulaufen. So ist im Roman Werthers Kleidung beschrieben. Dass es freilich eine »Selbstmordwelle« gegeben habe, wie man auch heute noch lesen kann, stimmt nicht. Aus Angst davor wurde allerdings der Verkauf des Buches etwa in Leipzig verboten.

Der *Werther* war Goethes persönlichstes Werk und gilt als eines der wichtigsten Werke des *Sturm und Drang*.

Illustration zu *Die Leiden des jungen Werther*.
Radierung von Tony Johannot (1803 – 1852)

Der berühmte Schriftsteller

Mir scheinen nun alle Türen offen zu stehen. Ich habe
Erfolg, werde anerkannt und kann ganz neue Wege gehen.
Ich schreibe weitere Werke, reise, bin viel in Gesellschaft
und höre und sehe jeden Tag Neues – und lerne wieder
eine Frau kennen.

Sie heißt Anna Elisabeth Schönemann und wird von allen
nur Lili genannt. Lili stammt aus den höchsten Kreisen der
Frankfurter Gesellschaft. Ich begleite sie fortan auf Ausflüge,

Konzerte, Lustreisen und Bälle, wo auch
ich viel tanze, was ich eigentlich
nie mochte. Doch meine Liebe
zu der 16-jährigen Lili hält
mich ganz gefangen. Am
20. April 1775 verloben wir
uns – sie soll meine Ehefrau
werden.

Nur bekomme ich bald Zweifel.
Die fortwährenden Geselligkei-
ten stoßen mich ab. Ich komme
mir vor wie ein Papagei auf der
Stange, der schön auszusehen
hat und immer nur wiederholen
muss, was man ihm vorsagt.

Mitte Mai breche ich zu einer Reise nach Süden auf. Zwei
Brüder mit Namen Graf Stolberg, dazu ein Graf Haugwitz,
haben mich eingeladen, eine »Geniereise« – wie wir es nennen – in die Schweiz zu unternehmen. Wir wollen ganz die
Natur und uns selbst erleben.
Die Reise wird herrlich. Ich bin wie eine entlaufene Katze
und frei. Wo wir können, baden wir nackt. Das stößt natürlich den Bürgern, die davon
erfahren, sauer auf.
Doch sollen sie sich
mokieren – wir
wollen das
Leben spüren.
Wir sind aus-
gelassen und
machen viel
Unfug. In
einem Gasthaus
schmeißen wir
einmal die Gläser,
aus denen wir getrunken
haben, hinter uns gegen die Wand.

In Karlsruhe treffe ich wieder auf Karl August, den Herzog
von Weimar. Mit ihm verstehe ich mich sehr gut. Wieder
lädt er mich an seinen Hof ein, wo er als 18-Jähriger gerade
die Regierung übernommen hat.

Auch in dem kleinen Ort Emmendingen bei Freiburg im Breisgau mache ich Station. Meine Schwester ist mit ihrem Mann Schlosser dorthin gezogen. Für mich ist der Besuch traurig. Ich sehe, dass sie mit ihrem Mann nicht glücklich werden kann. Ich mag ihn auch nicht besonders. Sie sollte besser mit mir zusammenleben. Doch davon will sie nichts wissen. Übrigens erklärt sie mir, dass auch ich nicht zu Lili passen würde. Damit hat sie wohl recht. Sonst will ich mich auf ihre Sorgen aber nicht einlassen.

Wir reisen weiter nach Süden. In Zürich trenne ich mich von meinen Freunden. Wir sind uns täglich immer fremder geworden. Stattdessen reise ich mit einem Freund aus Frankfurt weiter, Jakob Friedrich Passavant, der in der Schweiz lebt.

Langsam nähern wir uns dem gewaltigen Sankt-Gotthard-Massiv, über den mit dem Sankt-Gotthard-Pass einer der wichtigsten Alpenübergänge führt. Die Natureindrücke überwältigen uns. Wir lachen und juchzen die ganze Zeit.

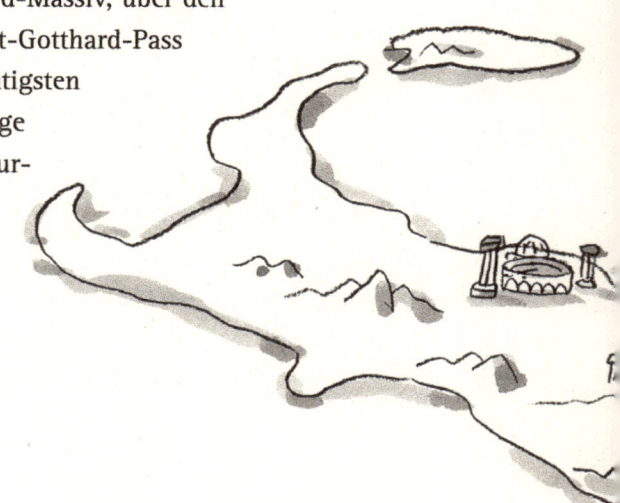

Kurz nach der Sommersonnenwende erreichen wir auf der Passhöhe das Gotthard-Hospiz, wo wir übernachten.

Am nächsten Tag setze ich mich an den Fußpfad, der nach Italien hinuntergeht, und zeichne die grandiose Aussicht mit den noch schneebedeckten Gebirgskuppen. Mir kommen Gedanken an eine andere Welt. Ich bin kurz davor, Richtung Italien weiterzuwandern. Dann denke ich aber an meine Lili und die vielen literarischen Arbeiten, die ich angefangen habe, und kehre um.

Einen Monat später treffe ich wieder in Frankfurt ein. Doch nun komme ich mir in Lilis Welt erst recht eingeengt vor. Alle Misshelligkeiten, die unser Verhältnis gestört haben, fühle ich nun doppelt. Im Herbst trennen wir uns. Ich sehe sie nicht mehr und flüchte mich wieder in meine Arbeit.

Obwohl ich eigentlich noch an dem Trauerspiel *Egmont*
schreibe, in dem ein niederländischer Held vergeblich um
Recht und Freiheit kämpft, mache ich mich auch wieder an
das Thema des Doktor Faust. Seit langem brüte ich darüber.
Faust wollte sich ganz ausleben, wollte alles erfahren und
nichts auslassen. Dafür war er
sogar bereit, sein Leben
zu geben und eine
Beute des Teufels
zu werden.

Ich kenne diese Stimmung. Auch ich bin bereit, ganz neue
Wege zu gehen. Mit Lili hatte ich sogar überlegt, nach
Amerika auszuwandern.
Gehetzt schreibe ich immer wieder Szenen zu einem Faust-
Drama. Ich gebrauche die offene Form, wie sie Shakespeare
vorgemacht hat, doch es passt alles noch nicht zusammen.
Das Stück bleibt Fragment.

Außerdem werde ich immer ungeduldiger. Es hält mich nicht mehr am Schreibtisch. Ich muss wieder hinaus. Ich habe dem Herzog von Weimar zugesagt, dass ich ihn besuchen würde. Eine von ihm bestellte Kutsche soll mich abholen. Überall habe ich mich schon verabschiedet. Doch die Kutsche kommt nicht. So muss ich zu Hause versteckt bleiben, weil ich mich ja nicht ein zweites Mal verabschieden kann. Mein Vater meint, die Hofleute würden mich nur an der Nase herumführen. Außerdem zieht mich Italien immer stärker an. Meine Wanderung hoch auf den Sankt-Gotthard-Pass hat in mir die Sehnsucht nach dem Land noch verstärkt. Auch mein Vater ermuntert mich, dorthin zu reisen.

So mache ich mich im Spätherbst auf den Weg nach Italien. Doch wie es das Schicksal will, erreicht mich in Heidelberg eine Eilmeldung: Die von Karl August bestellte Kutsche ist nach Frankfurt gekommen und wartet auf mich. So führt dann mein Weg doch nicht nach Süden, sondern zurück in den Norden.

Bücher schreiben und Geld verdienen

Heute gibt es Schriftsteller, die zu Multimillionären werden. Das liegt daran, dass heute die Schriftsteller von jedem verkauften Buch einen Teil des Ladenpreises bekommen. Zu Goethes Zeit konnte eigentlich noch kein Mensch vom Bücherschreiben leben. Damals erhielt ein Schriftsteller für den ersten Druck seines Buches meist einmalig einen festen Geldbetrag. Davon hätte er aber nicht leben können. Wenn ein Buch erfolgreich war, wurde es sofort von anderen Verlegern nachgedruckt, ohne dass der Schriftsteller dafür Geld bekam. Heute hieße so etwas Raubdruck.

Ein Schriftsteller musste daher seinen Lebensunterhalt anders verdienen. Die großen Dichter Lessing, Herder oder Wieland zum Beispiel hatten alle einen zweiten Beruf, auch wenn sie dabei meistens nicht viel tun mussten. Oft waren sie staatliche Angestellte, Lehrer oder Erzieher von Kindern reicher Eltern. Häufig gaben ihnen auch Fürsten, Bankiers oder Kaufleute Geld zum Leben.

Goethe war von Haus aus wohlhabend. Deswegen konnte er auch über Raubdrucke oder schlechte Honorare eher hinwegsehen als manche Kollegen. Als er später eine

Schreibzeug in Goethes Arbeitszimmer des Weimarer Wohnhauses

der berühmtesten Personen der Welt war, konnte er von seinen Verlegern hohe Honorare fordern. 1816 erhielt er etwa für eine zwölfbändige Gesamtausgabe 1.600 Taler, zehn Jahre später für eine neue Gesamtausgabe in 40 Bänden 60.000 Taler. Als Minister am Weimarer Hof verdiente er obendrein 1.200 Taler im Jahr, am Ende 3.000 Taler. Zur selben Zeit verdiente ein Weber etwa 100 Taler im Jahr und für das wichtigste Fortbewegungsmittel, ein Pferd, das sich nur wenige leisten konnten, musste man etwa 50 Taler bezahlen.

Im Unterschied zu vielen anderen Schriftstellern seiner Zeit war Goethe also immer ein reicher Mann. Er führte freilich auch das Leben eines Reichen. Und dafür reichte ihm oft das Geld nicht. Noch zu der Zeit, als er in Weimar schon Minister war, verlangte er von seinen Eltern viel Geld. »Gerade weil ich wie ein Fürst lebe«, schrieb er seinem Vater, »kann ich nicht sparen.«

Goethe bekannte im Alter, dass er für seinen Lebensstil das ganze Vermögen seines Vaters, dazu sein Gehalt und sein bedeutendes literarisches Einkommen ausgegeben hatte. Trotzdem hinterließ er in Form seines Besitzes und seiner Werke ein ungemein reiches Erbe.

Der Staatsmann

Am 7. November 1775 treffe ich in Weimar ein. Ausgerechnet an diesem unscheinbaren Ort lerne ich die interessantesten Personen kennen: Da ist etwa Christoph Martin Wieland, der Erzieher des Herzogs, einer der lebhaftesten deutschen Dichter, mit dem ich sofort gut auskomme. Und da ist eine Frau:

Charlotte von Stein. Ihre Art fesselt mich sofort: Sie ist nicht ungestüm, nervös, überdreht – sie weiß sich in jeder Lage zu beherrschen. Obwohl sie schon vielfache Mutter ist, schlägt sie mich sofort in ihren Bann. Ich werbe um sie und kann höchstens einmal die Hand auf ihren Arm legen. Sie wühlt mich innerlich auf. Immer wieder begegne ich ihr in einem Kreis von Leuten, die sich um die Mutter des Herzogs, Anna Amalia, versammeln. Sie ist die künstlerische Seele Weimars und veranstaltet fleißig Leseabende, Theateraufführungen oder Singspiele: Es ist ihre Tafelrunde.

Mir gelingt es sogar, Herder nach Weimar zu lotsen. Ich rede
so lange auf den Herzog und seine Mutter ein, bis Herder
tatsächlich als Generalsuperintendent in Weimar angestellt
wird. Er gibt mir Anregungen für meine Arbeit.

Karl August macht mir zusätzlich das Leben leicht: Ich bin
fast jeden Tag an seiner Seite. Es erscheint mir bald wie
meine Aufgabe, den jungen Herzog erzieherisch zu mäßigen.
Trotzdem genießen wir das Leben, sind närrisch und ausge-
lassen: Wir knallen auf dem Marktplatz mit Peitschen, baden
nackt im Fluss, gehen jagen, treiben die Pferde durch die
Wiesen, trinken über den Durst, lagern im Wald und necken
die Dorfmädchen.

Ich kann nicht oft
genug sagen, wie ich
die schwarz und grau gekleideten, steifröckigen und krumm-
beinigen Damen und Herren mit ihren aufgeklebten Perücken
verabscheue. Sie sind Kröten und Basilisken.

Im April
1776 schenkt mir
Karl August ein
Haus. Es wird mein
Gartenhaus und liegt
herrlich in der Natur vor der Stadt.

Ich richte es nach meinen Wünschen her, pflanze Bäume,
beobachte die wilden Tiere, bade in dem nahen Fluss Ilm und
schlafe manchmal sogar draußen im Freien. Der Herzog will
bestimmt, dass ich bleibe – und das tue ich.

Im Juni trifft mich eine schlimme Nachricht: Meine Schwester
Cornelia ist gestorben. Sie ist verkümmert wie eine Blume
ohne Wasser. Ich will gar nicht erst daran denken, dass ich
auf sie hätte eingehen sollen. Aber sie wollte ja unbedingt
mit diesem Schlosser leben.

Allmählich komme ich zu dem Schluss, dass ich mein Leben
ändern muss. Ich kann nicht mich und meine Gefühle über
alles stellen, sondern muss die ganze Menschheit im Sinn
haben. Ich muss vernünftig sein. Es passt auch nicht mehr
zusammen, wie ich gegen die Adeligen wettere und mich
doch in ihren Kreisen bewege.

Meine Zuneigung zu Frau von Stein, die mir nicht einmal das Du erlaubt, die häufigen Festlichkeiten, die viele Gesellschaft – all das wird mir manchmal zu viel und es treibt mich hinaus in die Natur. Dann finde ich auch in meinem Gartenhaus keine Ruhe. Ende November 1777 nehme ich ein Pferd und reite allein durch Hagel, Frost, Kot und Dreck in den Harz. Dort gelingt es mir tatsächlich, den Brocken zu besteigen. Sogar der Förster, der mich bis dorthin begleitet, ist vor Verwunderung außer sich. Er hätte es nicht für möglich gehalten, im Winter auf den Gipfel dieses Berges zu gelangen. Zur Belohnung für unsere Mühe schauen wir bei Sonnenschein über das Land, das unter uns von Wolken bedeckt ist und wie ein Meer daliegt.

So kann ich mich manchmal noch neu spüren. Sonst bin ich ganz zum Staatsmann geworden. Gegen den Willen der herrschenden Kreise hat mir Karl August von Anfang an zu leitenden Stellungen verholfen.

1776 bin ich Geheimer Legationsrat, 1779 schon Geheimer
Rat, die höchste Ehrenstufe, die ein Bürger in Deutschland
erreichen kann. Mit 30 Jahren bin ich damit Minister und
entscheide mit über alle Angelegenheiten des Staates.

1782 werde ich sogar Kammerpräsident, also Leiter der Fi-
nanzkammer. Damit verwalte ich alle Gelder des Herzogtums.
Das bedeutet, dass mir Karl August bedingungslos vertraut.
Immerhin könnte ich, wenn ich schlecht rechne, seinen Staat
ruinieren.
In diesem Jahr 1782 stirbt mein Vater. Er war stolz auf das,
was ich leiste. Und er wäre noch zufriedener gewesen, wenn
er erfahren hätte, dass mich später in diesem Jahr sogar
der Kaiser des Deutschen Reiches in den Adelsstand erhebt.
Fortan darf ich mich »von Goethe« nennen.

Außerdem beziehe ich 1782 ein neues Haus, eine wahre Residenz: Das herrschaftliche Haus am Frauenplan in Weimar. Nun bin ich also im Herzen Weimars und im Herzen des Staates angekommen.

Nach und nach erkenne ich aber, dass mein Leben eine Richtung nimmt, in die ich nicht gehen will. Es hat mich gereizt, die Angelegenheiten eines Staates zu ordnen, damit dieser aufblüht. Doch kann ich keine Verbesserung erreichen. Ich wälze immer wieder denselben Stein. Die Oberen vergnügen sich mehr, als die Unteren zahlen können. Ein solches Leben reibt mich auf. Sogar die vielen Reisen mit Karl August bieten mir keinen Ausgleich mehr. Ich muss auch wieder zur Dichtung finden. All die Jahre habe ich kein großes Werk mehr geschaffen.

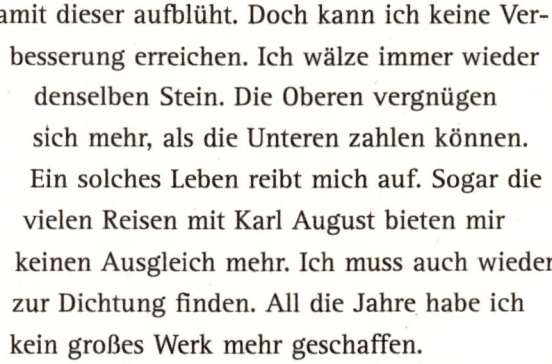

Als 1786 wieder der Winter vor der Tür steht, fasse ich einen abenteuerlichen Plan: Ich werde heimlich fliehen, und zwar in das Land, dem schon immer meine Sehnsucht galt.

Das Herzogtum Weimar

Die Stadt Weimar hatte gerade einmal 6.000 Einwohner, das ganze zugehörige Herzogtum 100.000 Einwohner, als Goethe dort eintraf. Nicht nur in dieser Hinsicht war Weimar ein Nest. In seiner Entwicklung war es beinahe im Mittelalter stehen geblieben. Es gab dort fast keine Industrie, Bauern und Handwerker beherrschten das Bild. Kein Bürgertum, das Waren und Geld ausgetauscht hätte und belesen gewesen wäre, hatte sich in dem Herzogtum entwickelt. Eine Gruppe von Adeligen herrschte allein und bestimmte mit ihrer Hofhaltung auch die Wirtschaft im Land. Es gab keine Pressefreiheit, und man durfte auch nicht über alles diskutieren. Politische Parteien waren ebenfalls verboten. Die Zersplitterung des Deutschen Reiches machte es den Adeligen leicht, das einfache Volk zu unterdrücken.

Teestunde bei Herzogin Anna Amalia im Wittumspalais zu Weimar. Gemälde, 1783

Diesen verarmten, rückständigen Staat hatte die Herzogin Anna Amalia (1739–1807) 17 Jahre lang am Leben
erhalten, ehe sie ihn 1775 zur Regierung ihrem Sohn
Karl August (1757–1828) überließ, der gerade volljährig
geworden war. Um das trostlose Weimar aufzuwerten,
gesellte Anna Amalia einige kulturell bedeutende Persönlichkeiten um sich (»Weimarer Musenhof«), so auch
Christoph Martin Wieland (1733–1813), neben Gotthold
Ephraim Lessing (1729–1781) einen der wichtigsten Vertreter der deutschen Aufklärung.

Als Goethe nach Weimar kam, machte er sich dort selbst
zum Politiker – und wie von ihm zuvor im *Götz* beschrieben,
erlebte er nicht nur jede List und Tücke, sondern beteiligte
sich selbst daran. Goethe entwickelte sich im Dienste
seines Herzogs zu einem gewieften Taktiker, der gegen
alle vorging, die sich auf Recht und Freiheit beriefen
oder seine Stellung gefährdeten. Wie man heute weiß,
schreckte er auch nicht davor zurück, Menschen hinter-
herspionieren zu lassen.

Dabei bot Goethe gerade die begrenzte Welt dieses Herzogtums die Möglichkeit, in nahezu allen Bereichen des
Lebens tätig zu werden. So leitete er nicht nur das Weimarer Theater, sondern kümmerte sich auch um den Straßen-
bau oder versuchte eine Bergbauindustrie zu gründen.
Später forschte er als »Universalgenie« in allen möglichen
Bereichen: von der Architektur über die Gartenbaukunst
bis zur Nationalökonomie und dem Militärwesen.

Es war Goethe, freilich vor allem der Dichter Goethe,
der dem kleinen Herzogtum zu Weltruhm verhalf.

Wiedergeburt in Italien

Nur mein Diener weiß Bescheid, was ich heimlich plane, als ich mit Herzog Karl August und Charlotte von Stein im August 1786 zur Kur ins böhmische Karlsbad reise. Ich habe alles genau vorbereitet: Wenig Kleidung habe ich gepackt, dafür Taschen voll mit Büchern und Papieren. Am 3. September stehle ich mich in der Nacht mit einer Postkutsche aus der Stadt. Von nun an bin ich nicht mehr der Schriftsteller Johann Wolfgang von Goethe, sondern Johann Philipp Möller, Kaufmann aus Leipzig. Ich fliehe nach Italien, dem Land meiner Träume.

Mit entsetzlicher Schnelle reise ich über die Alpen. Während der Fahrt schlafe ich oder schaue oder dichte. Am 8. September überquere ich schon den Brennerpass, am 15. bin ich in Verona. Ich atme eine ganz andere Luft, ich sehe einen lieben Himmel und ich erlebe Menschen, für die das Leben Theater zu sein scheint.

Zunächst mache ich mich auf nach Venedig, der im Meer gelegenen, wie ein Kunstwerk gebauten Stadt. Wie könnte der Unterschied zu dem verschlafenen Weimar größer sein: Die Menschen wirken nicht niedergedrückt, nicht so unfrei und mürrisch. Da arbeitet ein Schuster im Häuserschatten am Kanal und singt. Die alten Herren stehen zusammen und palavern. Die Mädchen schlagen nicht den Blick nieder, wenn man ihnen begegnet. Alles, was nur kann, ist unter freiem Himmel. Ich schaue und staune.

Trotzdem mache ich mich bald wieder auf den Weg. Mein wirkliches Ziel ist die Stadt, wo die Reste der wahren Kunst stehen: Rom. Dort treffe ich Ende Oktober ein. Längst weiß ich, dass ich als ein neuer Mensch zurückkommen werde. Erst in Rom informiere ich Karl August über meine Absichten und bitte um Urlaub. Eine ganze Kolonie deutscher Künstler hat sich in der ewigen Stadt niedergelassen. Sie alle lernen die Kunstsprache der alten Römer und ich lerne mit ihnen.

Ich habe wieder Zeichen- und Malunterricht und nehme die reinen klassischen Formen in mich auf. Hatte ich auch einmal das Straßburger Münster gelobt – wie bewegt mich nun wieder die alte Kunst! Die römischen Portale, Kuppeln, Säulen und Skulpturen sind etwas anderes als unsere übereinander geschichteten Heiligen der Gotik, als unsere Tabakspfeifensäulen, spitzen Türmlein und Blumenzacken.

Immer wieder bitte ich Karl August um weiteren Urlaub. Charlotte von Stein schreibe ich zwar meine Erlebnisse auf, doch weiß ich, dass ich sie vor den Kopf gestoßen habe.

Ich kann nur auf Verständnis hoffen. Immerhin zahlt mir der Herzog mein Gehalt weiter. Aber irgendwann muss ich zurück: Mein Publikum und meine Aufgaben warten in Deutschland auf mich. Und doch kann ich mich von Italien nicht trennen. Es gibt hier die Antike im Original zu sehen, dazu ein Volk, das meine ganze Seele zum Klingen bringt. Ich habe auch eine Frau an meiner Seite. Ich bin glücklich wie nie zuvor.

Im Februar 1787 mache ich mich sogar nach Sizilien auf. Ich fahre über Neapel, wo der Vesuv tatsächlich Feuer speit. Zusammen mit dem Maler Johann Heinrich Wilhelm Tischbein besteige ich diesen fürchterlich schönen Berg und bin überwältigt von der Kraft der Natur.

Ich gehe so nahe an die glühende Lava, dass mich erst die Hitze zurückhält. Tischbein ermahnt mich. Doch ich spüre da das göttliche Wirken in der Natur.

Über Neapel reise ich mit dem Schiff nach Sizilien – und sehe so auch die alte griechische Kunst im Original. Da stehen nun die größten Tempel, oft niedergestürzt und verwittert, mitten im Grün. Was für ein Bild! Noch als Ruinen haben sie eine Größe, die sprachlos macht. Da gibt es keine Linie, die nicht zum Ganzen passt. Diese Bauwerke künden von einem tiefen Wissen um die richtige Form. Zu diesem Wissen versuche ich vorzustoßen.

Zurück in Rom versuche ich immer wieder zum Schreiben zu finden. Immerhin ist es mir gelungen, ein Schauspiel meiner Italien-Sehnsucht, die *Iphigenie auf Tauris,* in Versform zu übertragen. Die Idee des Dramas ist, dass Iphigenie sich und andere rettet, indem sie nicht Lüge und List einsetzt, sondern die Wahrheit. Denn die Wahrheit besticht alle. Die *Iphigenie* entspricht wunderbar meiner neuen Lebensauffassung. Ich preise darin die Menschlichkeit. Vor allem Herder hat mir gezeigt, wie man im Deutschen die Jamben richtig anwendet. In diese klassische Versform ändere ich das Stück um und fühle mich auch so der Antike ganz nah.

Doch eignet sich mein Besuch in Italien einfach nicht dazu, Wochen in stillen Kämmerlein zu verbringen. Immerhin habe ich auch für den *Faust* den Faden wiedergefunden und ein paar weitere Szenen geschrieben. Ich kann gerade gut darstellen, wie Faust den Pakt mit dem Teufel schließt, um so die Genüsse der Welt auszukosten. Nicht umsonst zeichne ich aber, sooft ich kann. Am Ende habe ich Hunderte von Bildern zusammen. Angesichts der bildenden Künstler um mich her erkenne ich am Ende trotzdem, dass ich nicht zum Malen geboren bin, sondern zur Dichtkunst.

Im April 1788, nach fast zwei Jahren in der Fremde, die mir wie eine zweite Heimat ist, bereite ich in Rom die Abreise vor. Karl August drängt zur Rückkehr. Unendlich traurig streife ich noch durch die Straßen der Stadt. Ich weine. Den Johann Philipp Möller gibt es nicht mehr.

Je näher ich Weimar komme, desto größer wird meine Sorge, wie man mich wieder aufnehmen wird. Ich habe mich gewandelt.

Begeisterung für die Antike

Als sich im 15. Jahrhundert Europa wirtschaftlich stark zu entwickeln begann, suchte man auch in der Kunst nach neuen Formen. Man besann sich auf die alten Griechen und Römer und begeisterte sich an ihrem künstlerischen Erbe: *Renaissance,* Wiedergeburt, nannte man diese Epoche später. Man löste sich von der Gotik. Dieses Wort hatte zuerst der Italiener Giorgio Vasari (1511–1574) gebraucht, um damit zu zeigen, für wie barbarisch, also »gotisch«, er diese Kunst hielt. Die Gotik ist ein immer wieder gebrochener Stil mit vielen Verzierungen.

Die Begeisterung für die Antike steigerte sich zur Zeit der Geburt Goethes noch einmal, als es zur Mode wurde, besonders die Ruinen der alten Welt zu besuchen. Wer auf einer solchen Bildungsreise die »wahre« antike Kunst sehen wollte, nämlich die griechische, konnte dies auch in Italien tun. Denn in der Antike gehört Süditalien zu Großgriechenland. Deswegen finden sich vor allem auf Sizilien klas-

Goethe in der Campagna. Gemälde, 1786–1787

sische griechische Tempel und auch Amphitheater, die oft besser als im Mutterland erhalten sind. Auch Goethes Vater hatte eine solche adelige Bildungsreise gemacht und seine Italienbegeisterung an seinen Sohn weitergegeben.

Als Goethe selbst das Land besuchte, wo »die Zitronen blühen«, wie es bei ihm heißt – da war es um ihn geschehen. Er verspürte dort eine neue Lust, zu leben. Außerdem nahm er die Gedanken einer bestimmten Persönlichkeit tief in sich auf: Johann Joachim Winckelmann (1717–1768). Der hatte 1755 ein Büchlein über die griechischen Kunstwerke geschrieben und darin erklärt: »Das Kennzeichen der griechischen Meisterstücke ist eine edle Einfalt und stille Größe.« Er pries darin nicht nur die Kunst, sondern auch die ganze angenommene Lebensart der alten Griechen als unerreicht und vorbildlich. Daher forderte Winckelmann: »Der einzige Weg für uns, unnachahmlich zu werden, ist die Nachahmung der Griechen.«

Für die Literatur galten dabei als Vorbilder die Epen Homers (vermutlich 8 Jahrhundert v. Chr.) und die Dramen von Sophokles (etwa 496–406 v. Chr.) oder Euripides (etwa 480–406 v. Chr.). Goethes Weg war damit vorgezeichnet. Das Ziel war, zu einer allgemeinen »Heiterkeit« zu gelangen, die angeblich die alten Griechen ausgezeichnet hatte.

Künstler und Naturforscher

Der Empfang in Weimar ist kühl. Charlotte von Stein verhält sich abweisend. Schon nach Italien hatte sie geschrieben, sie möchte alle ihre Briefe an mich zurückhaben. Auch ich selbst bin kühler. Ich mag das Ungestüme und Hitzköpfige nicht mehr. Wie in der Kunst kommt es mir auch im Leben darauf an, alles ruhig und sachlich zu betrachten. Ich kann mich schlecht wieder in die Hof-

gesellschaft einfinden. Ich weiß, dass ich in Weimar entweder gehasst oder geliebt werde. Doch scheint nun der Hass mir gegenüber stärker geworden zu sein. Kaum jemand will überhaupt hören, was ich Wunderbares erlebt habe. Es würde wohl ihre eigene Welt infrage stellen.

Zurückgezogen, wie ich mit meinen nun 40 Jahren in Weimar leben muss, weil mich niemand mehr versteht, begegnet mir eines Tages eine junge Frau. Sie passt mich im Park an der Ilm ab und überreicht mir eine Bittschrift ihres Bruders.

Die Frau heißt Christiane Vulpius. Sie ist 23 Jahre alt und von italienischem Typ, wie ich finde. Sie ist lebenslustig und gefällt mir. Bald ist sie meine Frau, das heißt: Heiraten tun wir nicht. Sie hat sowieso keine Eltern mehr, die ich deswegen fragen müsste.

Daraufhin ist aber das Geschwätz in Weimar grenzen- und bodenlos. Auch Frau von Stein begegnet mir nun beinahe mit Hass. Sie verzeiht mir diese Beziehung nicht, noch dazu zu einem Mädchen aus dem gemeinen Volk.

Die höfischen Kreise in Weimar sehen mich als Bereicherung für ihren Ort, als Magneten, der Menschen aus ganz Europa in ihre Stadt zieht – und nun lässt sich ein solch berühmter Dichter wie ich auf so eine Mamsell ein, die spricht wie die Bauern auf der Straße! Das verzeihen sie mir nicht.

Aber über solchen Tratsch bin ich erhaben. Ich liebe Christiane und sie schenkt mir im Dezember 1789 einen Sohn. Den nenne ich August, zu Ehren des Herzogs – was für viele erst recht eine Anmaßung ist.

Ich aber stehe zu Christiane. Sie gibt mir die Wärme und Liebe, die ich inzwischen so dringend nötig habe. Ich will nun ganz als Künstler wirken, und dazu brauche ich Unterstützung und Zuneigung. Gern möchte ich von der Eintönigkeit meiner höfischen Arbeit befreit sein. Nur brauche ich als großer Künstler weiterhin das Geld des Hofes. Nach einigen Gesprächen mit dem Herzog überträgt er mir schließlich die Verantwortung für alle wissenschaftlichen und künstlerischen Belange des Landes.

Ich leite fortan das Weimarer Hoftheater und versuche so, das Publikum zu erziehen. Denn der Wirkung eines Schauspiels erliegen alle. Es ist meine Art, zu allen Leuten zu sprechen. Sonst versuche ich die Welt zu verstehen, in ihre Geheimnisse einzudringen. Besonders treibt es mich zur Naturwissenschaft. Ich bin einem Grundprinzip auf der Spur: Sämtliche organischen Geschöpfe gehen auf ein Urbild zurück. Durch Metamorphose haben sie sich ständig weiterentwickelt. Das habe ich sogar beim Menschen erkannt. Schon vor Jahren habe ich nämlich entdeckt, dass es auch beim Menschen wie bei den Tieren einen Zwischenkieferknochen gibt. Das hatte man bis dahin verneint und so die besondere Stellung unserer Gattung gerechtfertigt: Wir wären eben von den

Tieren ganz verschie-
den. Aber wir sind
auch nur Teil der
Natur und haben uns
aus einem früheren
Typ entwickelt.
Dasselbe gilt für die Pflanzen:
Auch da sehe ich, wie aus der
Urform des Blattes alle weiteren
Teile der Pflanzen
hervorgegangen
sind. Sogar
beim Gestein
finde ich dieses
Prinzip wieder:
Im Grunde liegt
allem in der Natur
eine gemeinsame
Idee zugrunde.
Daraus sind alle
verschiedenen
Formen hervor-
gegangen, die
sich dann ver-
vollkommnet
haben.

Am stärksten beschäftigt mich freilich die Farbenlehre. Die halte ich inzwischen fast für mein Hauptwerk, noch vor meinen literarischen Werken. Dabei wende ich mich entschieden gegen die Theorie des Physikers Isaac Newton, dass sich das weiße Licht aus allen Farben zusammensetzen würde. Für mich ist das Licht unteilbar. Je nach dem Hintergrund, ob der nämlich hell und damit gelb ist oder dunkel und damit blau, erscheint das Licht anders.

Während ich auf diesen Gebieten versuche, selbst zu wirken, wirkt von außen etwas viel Größeres: Seit 1789 rebellieren die Bürger in Frankreich gegen das Königtum und versuchen, den Staat neu zu gestalten. Mich erschüttert das. Es ist mir zuwider, solche zerstörerischen Kräfte am Werk zu sehen. Gesetz und Ordnung dürfen nicht einfach umgekehrt werden.

1792 schließe ich mich meinem Herzog an, der an der Seite der Preußen in den Krieg gegen Frankreich zieht. Es geht darum, dem französischen König wieder auf den Thron zu verhelfen. In der eigenen Kutsche begleite ich Karl August und seine Truppen. Zusammen mit den vereinigten preußischen und österreichischen Truppen stoßen wir weit nach Frankreich vor. Schon liegt Paris in der Nähe. Die schlecht ausgerüsteten französischen Bürgerheere können sich kaum behaupten. Doch dann kommt es im September bei Valmy zu einer Kanonade, deren Effekte ich beeindruckt aus der Ferne verfolge. Die Schlacht geht tatsächlich verloren und der Vorstoß wird abgebrochen. Nun siegen die französischen Revolutionsheere.

Für mich gibt es aber eine Belohnung für die schlimmen Erlebnisse: Als ich in Weimar zurück bin, ist das Haus am Frauenplan umgebaut. Der Herzog hat diese Arbeiten in der Zwischenzeit ausführen lassen, und nicht nur das: Er schenkt mir für meine Verdienste das ganze Haus. So bin ich nun wohl auf immer mit seinem Herzogtum und Weimar verbunden.

Der Mensch Goethe

Wie man sich Goethe vorstellen muss, dazu gibt es un-
zählige Beschreibungen. Am eindrucksvollsten stellte
ihn die Mutter des Philosophen Arthur Schopenhauer dar,
Johanna, bei der er in Weimar oft zu Gast war: »Er ist das

vollkommenste Wesen,
das ich kenne, auch im
Äußeren; eine hohe,
schöne Gestalt, die
sich sehr gerade hält,
sehr sorgfältig geklei-
det, immer schwarz
oder ganz dunkelblau,
die Haare recht ge-
schmackvoll frisiert
und gepudert, wie es
seinem Alter ziemt,
und sein gar prächti-
ges Gesicht mit zwei
klaren braunen Augen,
die mild und durch-
dringend zugleich sind.
Wenn er spricht, verschönert er sich unglaublich; ich
kann ihn dann nicht genug ansehen. Er spricht von allem
mit, erzählt immer zwischendurch kleine Anekdoten,
drückt niemand durch seine Größe. Er ist anspruchslos
wie ein Kind; es ist unmöglich, nicht Zutrauen zu ihm zu

Johann Wolfgang von Goethe.
Gemälde, 1838

fassen, wenn er mit einem spricht, und doch imponiert er allen, ohne es zu wollen.«

Goethe war ein empfindlicher Mensch. Immer wieder wurde er von wirklichen oder eingebildeten Krankheiten geplagt. Gefühlsausbrüche oder Schicksalsschläge konnte er kaum ertragen und entzog sich oft durch Flucht. Doch bei aller Empfindlichkeit war er steif – in dieser Gegensätzlichkeit erschien Goethe den meisten. Dank seiner klassischen Weltanschauung hatte er bald ein formales Betragen angenommen, das ihn innerlich und äußerlich schützte. Manche seiner Zeitgenossen empfanden ihn als eisig.

Wie er sich sein eigenes Leben eingerichtet hatte, zeigt sein Haus am Frauenplan in Weimar, bis heute eines der bedeutendsten Kulturdenkmäler Deutschlands. Wer durch die vielen Räume streift, erkennt, wie dort alles einer Ordnung folgt.

Auch Goethes Tagesablauf entsprach einem Willen zur Form und war daher streng gegliedert. Auch dadurch gab er sich Halt. Goethe stand um sechs Uhr auf, trank Kaffee, Schokolade oder Fleischbrühe und diktierte dann seinem Schreiber Briefe. Anschließend ging er spazieren, frühstückte und arbeitete ab zehn an seinen Werken. Zum Mittagessen um 14 Uhr kamen meist Gäste, sodass sich diese Geselligkeit oft bis in den Nachmittag hinzog. Abends widmete er sich wieder seiner Arbeit, ging dann um 21 Uhr ins Bett und las oft noch bis Mitternacht.

Als Klassiker hatte Goethe sein ganzes Leben in eine Form gebracht.

Der Weg zum Klassiker

Die schrecklichen Ereignisse der französischen Revolution lassen mir keine Ruhe. Ich fühle die ganze Welt bedroht, die ich mir aufgebaut habe. Ich weiß, die Menge würde meinen Herzog köpfen. Sie haben in Frankreich sogar die Kirchen zur Plünderung freigegeben. Und sie haben die Adeligen auf die Guillotine gelegt.

So versuche ich, in dieser Sache literarisch zu wirken. Ich schreibe Schauspiele, deren Lehre eindeutig ist: Ich will zeigen, dass sich die Menschheit nicht durch Gewalt und Tyrannei weiterentwickeln kann, sondern nur durch eine natürliche Entwicklung und Steigerung. Dazu müssen vor allem die Könige und Fürsten beitragen, indem sie gerecht und gut regieren. In meinen Werken versuche ich, ihnen einen Spiegel vorzuhalten.

Ich versuche das an einer altbekannten Tiergeschichte auf-
zuzeigen, nämlich an der von Reineke Fuchs. Wenn man
wie der Fuchs nur mit List und Tücke herrscht, gewinnt
man zwar immer wieder, verliert aber am Ende doch. Ich
schreibe diese Fabel klassisch streng in Versform. Sie wird
oft gedruckt.

Meine Schauspiele werden leider kaum bekannt. Es ist nicht
die Zeit für Mäßigung. In Deutschland hat vor allem ein
junger Dichter die Herzen entzündet.

Er heißt Friedrich Schiller. Dieser
junge Schwabe ist vor über zehn
Jahren mit seinem Drama *Die
Räuber* über Nacht bekannt
geworden. Das Schauspiel
ist ein leidenschaftlicher
Aufruf gegen die Unter-
drückung, aber auch
zu einem Umsturz.
Für mich ist es eine
Fratze. Trotzdem hat
dieser Schiller etwas
Geniales. Schon
vor vielen Jahren,
1788, habe ich
ihn zum ersten Mal
getroffen. Er gefällt mir eigentlich.

Da er arm und krank ist, habe ich ihm eine Professorenstelle in Jena verschafft. Trotzdem will ich ihn gar nicht kennenlernen, weil sich sein leidenschaftliches Wesen an meinem neuen, ruhigen Lebensstil stört. Er sucht aber die Freundschaft zu mir. Erst nach langer Zeit lasse ich es zu, das wir uns einmal bereden können. Als er mich dann einlädt, an seiner Literaturzeitschrift *Die Horen* mitzuarbeiten, willige ich ein. Bald schreiben wir uns einen Brief nach dem anderen.

Im September 1794 besucht er mich in Weimar. Zwei Wochen bleibt er in meinem Haus. Wie doch die meisten will er, dass in moralischen Dingen alles bleibt, wie es ist. Daher habe ich ziemlich große Schwierigkeiten, Christiane und meinen Sohn August vor ihm zu verbergen. Die beiden versuchen, sich möglichst gar nicht vor ihm zu zeigen. Christiane lasse ich sowieso nicht mit am Tisch essen, wenn Gäste da sind. Schon wegen ihrer einfachen Art würde sie wohl Anstoß erregen.

Ich spüre, wie ich Schiller in meine Richtung bewegen kann, hin zu Ordnung und Mäßigung. So kommen wir zu einem fruchtbaren Austausch von literarischen Ideen. Wir treiben uns gegenseitig an. Vor allem im Jahr 1797 liegen wir beinahe im Wettstreit miteinander, wer wohl die besten Balladen schreibt. Von mir stammt aus dieser Zeit zum Beispiel *Der Zauberlehrling.* Darin beschreibe ich, wie der Lehrling eines Zauberers selber zaubern will und ihm alles außer Kontrolle gerät. Es heißt dann: »Die ich rief, die Geister, werd' ich nun nicht los.«

So wie die Freundschaft mit Schiller blüht, verwelkt die mit Herder. Man wirft mir vor, ich sei kaltherzig und würde die Menschen nur für mich gebrauchen. Aber das Leben ist Wandlungen unterworfen. Alles entwickelt sich. Auch Freundschaften sterben. Zwar nähere ich mich auch wieder Frau von Stein an, doch wird es die alten Gefühle nicht mehr geben. Man muss immer nach vorn blicken, nie zurück.

Im Dezember 1799, als ich 50 Jahre alt bin, zieht Schiller mit seiner Familie endlich nach Weimar. Er ist längst mein bester Freund. In seiner leidenschaftlichen Art, die ihn so großartige Werke schreiben lässt, treibt er auch mich an. Immer wieder kommt er auf den *Faust* zu sprechen. Er drängt mich sehr, das Stück zu vollenden.

Ich arbeite wieder daran. Das Werk erscheint mir manchmal so ungeheuerlich wie der Anspruch des Faust selbst. Ich gebe immer wieder auf und Schiller ermuntert mich immer wieder neu.

Andere Werke schließe ich sehr wohl ab, wie den Roman *Wilhelm Meisters Lehrjahre*. Wie ich mich geändert habe! Wer es nicht wüsste, könnte nie annehmen, dass derselbe Autor auch einmal den *Werther* schrieb. Denn dieser *Wilhelm Meister* verkörpert genau das Gegenteil: In einer ruhigen und klaren Sprache erzähle ich von dem jungen Menschen

Wilhelm Meister, der für sein Leben Sinn und Erfüllung sucht. Doch bei allem, was er versucht, denkt er immer nur an sich selbst. Sein verschlungener Bildungsweg endet erst, als er lernt, für andere zu leben.

1798 veröffentliche ich außerdem *Hermann und Dorothea*. Nichts zeigt meine Weltsicht so wie dieses Werk. Ich schildere darin, wie die junge Frau Dorothea in den Wirren der Französischen Revolution ihren Mann verliert und flüchten muss. Doch gelangt sie in eine bürgerliche Familie, wo sie große Menschlichkeit erfährt. Sie und der Sohn dieser Familie, Hermann, verlieben sich und stehen zu ihrer Beziehung. Sie heiraten und zeigen in liebendem Dienst die Stärke der alten Ordnung, wie sie im Herzogtum Weimar noch herrscht. Ich habe es wirklich Schiller zu verdanken, dass ich wieder zum Dichter werde. Er hat mir eine zweite Jugend verschafft. Umso mehr bedrückt es mich, mit anzusehen, wie seine Gesundheit schwindet. Als er am 9. Mai 1805 stirbt, ist das nicht nur für mein Leben ein großer Einschnitt. Damit geht eine Epoche zu Ende. Ich verliere den Halt und gehe erst einmal auf Erholungsreisen.

Die Weimarer Klassik

Die Zeit nach Goethes erster Italien-Reise bezeichnet man in der Literatur als die *Weimarer Klassik*. Johann Wolfgang Goethe und Friedrich Schiller (1759–1805) waren ihre wichtigsten Vertreter.

Die literarischen Werke dieser Epoche hatten das Ziel, die Menschen ästhetisch zu erziehen. Die Weimarer Klassik ist undenkbar ohne die zu dieser Zeit stattfindenden umwälzenden Ereignisse in Europa. Sie sollte den Menschen eine Alternative zu einer Revolution wie in Frankreich bieten. Humanität und Menschenliebe sollte die Gesellschaft zum Besseren wandeln. Stil, Maß und Form sollten künstlerisch vorherrschen, nicht das Wilde wie noch im *Sturm und Drang*. Vorbild war die Antike. Sogar die literarischen Themen bezog man aus dieser Zeit, wofür etwa Goethes und Schillers Balladen typisch sind. Selbst den Stil versuchte man nachzuahmen, indem man das griechische und lateinische Versmaß ins Deutsche übertrug. Man schuf auch einen Hexameter, in dem etwa *Hermann und Dorothea* abgefasst ist. Wirklich überzeugen konnte das freilich nie, weil der Rhythmus

Goethe-Schiller-Denkmal vor dem Nationaltheater in Weimar (1857 geschaffen von Ernst Rietschel)

im Deutschen nicht über kurze und lange Silben entsteht, sondern über betonte und unbetonte.

Die Weimarer Klassik blieb nur eine kurze, auf Weimar beschränkte Epoche. Alle aufstrebenden jungen Schriftsteller mussten sich durch ihre Maßstäbe wie gefesselt vorkommen: Sie wollten sich anders äußern als nur in Versform und über Themen, die 2.000 Jahre zurückreichten. So knüpften sie wieder an den *Sturm und Drang* an und betonten abermals das Gefühl, die Natur, doch auch die Religion. Sie wandten sich gegen die scheinbare Vorherrschaft des Geistes und der Vernunft. *Romantik* hieß diese Epoche.

Die Literatur der *Weimarer Klassik* sollte freilich der große Maßstab für die Bildung der Deutschen werden, und ihre Werke sind noch heute von großer Bedeutung.

Eine Zeit der Umwälzungen

Als müsste ich Schillers letzten Wunsch erfüllen, schreibe ich den *Faust* fertig. Endlich kann ich das Drama schlüssig gestalten: Faust hat versucht, die Welt zu verstehen, und ist daran gescheitert. Er ist nur noch auf den sinnlichen Genuss aus und schließt daher den Pakt mit Mephisto, dem Teufel: Er will gern zugrunde gehen, wenn Mephisto ihm eine solche Freude bereiten kann, dass ein Augenblick für ihn unübertrefflich schön sein wird. Doch auf der Suche nach dem höchsten Glück lädt Faust schwere Schuld auf sich. Seinetwegen wird seine Liebste Margarete zur Kindesmörderin und hingerichtet. Besonders für den Schluss des Dramas kann ich aus eigener Anschauung schöpfen: Schon als Kind habe ich erlebt, wie in Frankfurt die Kindesmörderin Susanna Margaretha Brandt öffentlich mit dem Schwert hingerichtet wurde. Und 1783 habe ich selbst in Weimar das Todesurteil gegen eine andere Kindes-mörderin bewirkt, Anna Catharina Höhn.

Zwar gibt Mephisto Faust am Ende die Macht, sein geliebtes Gretchen noch aus dem Kerker zu befreien, doch spricht sie schon im Wahn und will lieber im Himmel gerichtet werden, als sich von ihm

retten zu lassen. »Heinrich! Mir graut's vor dir«, sind ihre letzten, an Faust gerichteten Worte.

Lange bevor ich das Schauspiel abschließe, merke ich, dass es nur ein erster Teil sein kann – dass ein zweiter Teil folgen muss. Denn das Schicksal des Faust ist mit dem Tod der Margarete noch längst nicht entschieden. Im Leben geht es nicht nur darum, nach dem Genuss zu suchen. Man muss dem Leben einen tieferen Sinn geben.

Nur habe ich zum Schreiben kaum noch Ruhe, weil in Deutschland bald keine Ruhe mehr herrscht. Die politischen Wirren greifen auf Weimar über. Der französische Kaiser Napoleon unterwirft nach und nach alle europäischen Staaten. Ich sorge mich um den Bestand des Herzogtums.

Im August 1806 geht das Heilige Römische Reich Deutscher Nation sang- und klanglos unter. Preußen versucht, sich mit Unterstützung Russlands gegen Napoleon zu wehren, doch der greift seinerseits an. Vor den Toren Weimars, in Jena und Auerstedt, schlagen die Franzosen die Preußen am 14. Oktober vernichtend. Tausende Soldaten sterben. Ich fürchte das Schlimmste.

Noch am selben Abend dringen französische Soldaten bis nach Weimar vor und beginnen, zu plündern und zu brandschatzen. Ich schließe mich in meinem Haus ein. Da ist nichts zu retten, denke ich. Form und Stil zählen nicht mehr. Ich kann nur hoffen, dass mein Heim verschont bleibt. Dass ich in Weimar wohne, ist ja auch den Franzosen bekannt. Trotzdem dringen zwei betrunkene Soldaten in mein Haus ein. Ich traue mich nicht, davon zu erzählen: Doch wer mich rettet, ist Christiane. Am nächsten Tag erkenne ich, was mir hätte geschehen können. Das Haus der Frau von Stein wurde vollständig geplündert, andere Bürger wurden gedemütigt und auch misshandelt. Mir sind alle meine Werke, meine unveröffentlichten Schriften, meine unvollendeten Manuskripte erhalten geblieben. Da kommt bei mir ein alter Vorsatz zur Reife: Ich will meine kleine Freundin, die so viel für mich getan hat, völlig anerkennen als die Meine. Mit meinen nun 57 Jahren heirate ich Christiane nur zwei Tage später.

Während ich so den Keim des Guten bewahre, wälzt sich sonst alles weiter um. Wenigstens gelingt es Karl August,

sein Herzogtum zu sichern. Er trennt sich von Preußen und
unterwirft sich Frankreich.
Ich selbst spüre inzwischen eine gewisse Hochachtung für
Napoleon. Zwar stößt er die alte Ordnung um, doch gestaltet
er alles einheitlich neu.

Zwei Jahre später, als gerade meine immer so muntere Mutter gestorben ist, treffe ich sogar persönlich mit Napoleon auf dem Erfurter Fürstenkongress zusammen. Er will dort seine Macht in Europa zeigen. Auch ich bin eingeladen.
Napoleon empfängt mich beim Frühstück und spricht mit mir über Literatur. Den *Werther* kennt er so gut, dass er mir die wichtigsten Stellen genau erläutert. Er weist mich sogar auf eine Unstimmigkeit hin, die ich einräumen muss. Aber ich erkläre ihm, dass man auch als Künstler manchmal einen nicht leicht zu entdeckenden Kunstgriff anwenden muss, um eine gewisse Wirkung hervorzubringen.

»*Vous êtes un homme*«, sagt Napoleon zu mir. Zwar heißt das nur: »Sie sind ein Mensch«, doch bedeutet es für mich: »Sie sind ein großer, bedeutender Mensch.« Bald darauf verleiht er mir den Orden der französischen Ehrenlegion. Ich nehme so etwas gern an, hält doch ein Titel und ein Orden im Gedränge manchen Puff ab.

In den folgenden Jahren erlebe ich eine schwierige Zeit. Denn die Deutschen wehren sich gegen Napoleon und fordern die Freiheit von den Franzosen und die nationale Einheit. Mir fällt es schwer, mich auf die Seite meiner Landsleute zu schlagen. Wenigstens bringt Napoleon auch klare bürgerliche Rechte. Als er aber besiegt ist, atme auch ich leichter. Die alten Verhältnisse werden wiederhergestellt. Das Herzogtum Karl Augusts wird sogar erweitert, und ich werde zum Wirklichen Geheimrat und Staatsminister ernannt. Das Leben hat wieder seine Ordnung.

staats-
minister

Der *Faust*

Der *Faust* gilt als eines von Goethes größten Werken, wenn nicht als das größte. In dieses Werk floss die Erfahrung seines ganzen Lebens ein. Es gehört zu den berühmtesten Literaturwerken der Welt. Viele Formulierungen aus dem *Faust* sind heute gängige Redensarten, zum Beispiel Fausts Ausspruch »Das war des Pudels Kern«, als er erkennt, dass sich in einem Pudel der Teufel Mephisto verborgen hat.

Im ersten Teil der Tragödie verspricht Mephisto Faust zu Beginn: »Wir sehn die kleine, dann die große Welt.« Die kleine Welt sieht Faust im ersten Teil; er gibt sich sinnlichen Genüssen hin und bringt dann aber seiner Geliebten Margarethe den Tod. Der *Faust II* steht für die »große Welt«: Faust reist durch die Menschheitsgeschichte bis ins antike Griechenland. Schließlich hilft er dem Kaiser im Kampf gegen einen Rivalen und bekommt als Dank den Strand des Reiches geschenkt. Den will er in seinem Tatendrang urbar machen. Dabei hält er dann, hundert Jahre alt und blind, die Geräusche von grabenden Spaten für die Arbeit an seinem Projekt. Er weiß aber nicht, dass gerade sein Grab geschaufelt wird. Doch eben in diesem Augenblick findet er in seiner Vorstellung von einer tätigen und somit glücklichen Gesellschaft, von einem »freien Volk auf freiem Grund«, das absolute Glück. Er stirbt – und hat damit eigentlich seine Seele verloren. Weil er aber bis zu

seinem Tod sein Streben nicht auf-
gegeben hat, ist er trotzdem erlöst.
Faust II umfasst die Spielzeit von
sechs Theaterstücken. Goethe
selbst hätte wohl nur den Kopf ge-
schüttelt, wenn er erfahren hätte,
wie immer wieder versucht worden
ist, den ganzen *Faust* im Theater zu
spielen. Zu seiner Zeit galt schon
Faust I als unspielbar. Ständig muss
bei diesem Schauspiel die Bühne ge-
wechselt werden. Doch baute man im
19. Jahrhundert die Theater zu immer perfekteren Unterhaltungsma-

schinen aus: Mithilfe der Drehbühne konnten ständig
neue Szenen gezeigt werden. So konnte man bald
große Teile des ganzen *Faust* aufführen. Bis heute
versuchen sich daran bekannte Regisseure, und das
Stück gehört zum Spielplan vieler Theater.

Zur Weltausstellung »Expo 2000« führte ein Regisseur
beide Teile des *Faust* auf und ließ kein Wort aus. Das
Ganze kostete 15 Millionen Euro und die Veranstaltung
dauerte 21 Stunden. Eine Wirkung blieb aus. Man be-
richtete darüber und ging schnell zur Tagesordnung
über. Den ganzen *Faust* heißt den ganzen Goethe
verstehen – das kann vielleicht ein Regisseur oder ein
Literaturwissenschaftler, aber kaum ein Zuschauer
in 21 Stunden. Mit Goethe freilich wollen manche auch heute noch ganz Besonderes leisten.

Plakat der Faust-Verfilmung von 1960 mit Gustaf Gründgens
in der Rolle des Mephisto

Forschen und Staunen als Lebensziel

Weil sich der politische Himmel wieder aufgeklärt hat, unternehme ich im Sommer 1814 eine Reise in meine westdeutsche Heimat. 65 Jahre bin ich nun alt, doch wie ich da wieder jung werde! Alle Erinnerungen an meine Kindheit und Jugend werden wieder lebendig.

Die Kutsche, mit der ich unterwegs bin, nenne ich »Fahrhäuschen«, weil ich darin wie in einem beweglichen Haus die Welt um mich her beobachten und dabei an einem Schreibpult dichten kann. Der *West-östliche Divan,* eine große Gedichtesammlung, entsteht. Ich habe seit einiger Zeit die östliche mohammedanische Welt entdeckt, die mich stark anzieht. Ich finde sie sinnlich. Ich verarbeite darin auch die Zuneigung zu einer jungen Frau,

Marianne Willemer,

die mir auf
meiner Reise
in die Heimat
begegnet.
Unsere Gefühle
stimmen so überein,
dass sie selbst Gedichte
verfasst, die von meinen
nicht zu unterscheiden sind.

Ich weiß, dass sich das Publikum in Deutschland für den *West-östlichen Divan* kaum begeistern wird. Denn ich habe in diesen vielen Gedichten stark mit Symbolik gearbeitet und den Deutschen ist die orientalische Kultur sowieso fremd. Ich sehe mein Wirken jedoch längst nicht mehr auf Deutschland beschränkt. Ich glaube, dass die Poesie der ganzen Welt gehört. Diese heitere Stimmung kehrt sich bald völlig um. Denn im Juni 1816 erkrankt Christiane tödlich. Zum Schluss hat die Weimarer Gesellschaft sie doch als meine Ehefrau hingenommen. Natürlich hat das Lästern über meine »dicke Hälfte«, wie man sie heimlich nennt, nie aufgehört. Sie ist wirklich füllig geworden, nur hat sie auch fünf Schwangerschaften durchlebt. Leider hatte sich die Natur gegen uns gestellt, denn nur mein Sohn August hat überlebt. Trotzdem habe ich immer zu ihr gestanden. Und immer habe ich sie tanzen und sich vergnügen lassen. Das mochte sie. Es war ihre Art.

Ihren Tod kann ich nicht ertragen. Dem möchte ich nicht begegnen. Ich selbst liege mit einem Katarrh krank im Bett, als meine Frau stirbt. Fast zwei Tage lang schreit sie vor Schmerzen. Früh um vier Uhr morgens wird sie begraben. Ich bringe es nicht über mich, dabei zu sein. An dem Tag denke ich an meine nächsten Pläne und bereite einige Farbenversuche vor.

In der nächsten Zeit stürze ich mich in Arbeit. Im neu gestalteten Herzogtum übernehme ich die »Oberaufsicht über die unmittelbaren Anstalten für Wissenschaft und Kunst in Weimar und Jena«. So habe ich die Möglichkeit, mich wieder stärker den Naturwissenschaften zuzuwenden. Was die Natur allein an Gesteinsformen hervorgebracht hat! Liefert man mir neue, ungewöhnliche Exemplare, kann ich Stunden damit verbringen, sie zu begutachten und in meine Sammlungen einzuordnen. Ich schreibe meine Erkenntnisse dazu umfangreich nieder. *Zur Naturwissenschaft überhaupt* und *Zur Morphologie* heißen diese Schriften. Ich erkenne in der Natur, wie sich alles abstößt und anzieht, sich neu formt und steigert.

Im familiären Kreis habe ich einige Schwierigkeiten. Mein Sohn August wollte sich als Mann beweisen und in den Krieg gegen Napoleon ziehen. Ich habe ihm das verboten, und er wird deswegen verspottet. Er lässt sich auch zu Affären mit wenig ehrenhaften Frauen hinreißen. Ich habe ihm am Hof eine Stelle als Kammerrat verschafft, doch findet er auch dadurch keinen Halt. Immerhin ist ihm nun eine reizende junge Frau begegnet, Ottilie von Pogwisch, die auch mir gefällt. Ich setze mich dafür ein, dass die beiden heiraten, und Ottilie zieht mit ihrer Schwester zu mir ins Haus. Mir werden auch bald Enkelkinder geboren. Trotzdem gelingt die Ehe der beiden nicht recht.
Im Haus herrscht oft große Unruhe.

Zur Entspannung und Gesundung fahre ich seit Jahren zur Kur in die böhmischen Badeorte, zuerst nach Karlsbad, dann nach Marienbad. Dort freunde ich mich 1821 mit einem 19-jährigen Mädchen an, das mir sehr gefällt. Die junge Frau heißt Ulrike von Levetzow.

Meine Gefühle für sie werden immer stärker. Ich kann mit ihr tur- teln wie in meiner Jugendzeit, und ich fühle mich auch wieder ganz jung. Bald muss ich mir eingestehen, dass ich verliebt in sie bin. Ich möchte sie heiraten. Ich schalte den Herzog ein, damit er bei ihrer Mutter für mich wirbt. Er tut dies auch und verspricht den Mitgliedern der Familie ein Haus in Weimar, damit sie nicht von Ulrike getrennt leben müssten. Außerdem sagt er ihr eine jährliche Rente von 10.000 Talern zu, falls ich vor ihr sterben sollte. Sie wäre damit eine der reichsten Personen Weimars. Doch es hilft nichts. Ich höre, dass Ulrike sagt, sie habe noch gar keine Lust zu heiraten.

Für mich bricht eine Welt zusammen. Ich fahre verzweifelt zurück nach Weimar. Niemand will mich verstehen, nicht einmal mein eigener Sohn.

Ich schreibe ein Gedicht, die *Marienbader Elegie,* die von Liebe handelt und doch wie beim *Werther* keine Hoffnung zeigt. »Mir ist das All, ich bin mir selbst verloren«, heißt es da. Denn die Götter haben mich zu einem Mädchen gedrängt, doch »sie trennen mich, und richten mich zu Grunde«.

Das Erlebnis meiner zurückgewiesenen Liebe führt mir doch die Begrenztheit des Seins und auch des Lebens vor Augen. 74 Jahre bin ich nun alt. Ich verlasse Weimar kaum noch. Zumindest kann ich mich über mangelnde Aufmerksamkeit nicht beklagen, im Gegenteil. Aus aller Welt empfange ich immer wieder Besuch. Alle wollen sie mich treffen, berühmte Worte von mir erhaschen, mich zeichnen und überhaupt besehen.

Goethe – Wahrheit und Dichtung

Goethe war seit der Veröffentlichung des *Werther* mit nur 25 Jahren ein bekannter Schriftsteller. Am Ende seines Lebens galt er als eine der bedeutendsten Persönlichkeiten Europas. Diese Bedeutung förderte freilich er selbst nach Kräften und achtete streng darauf, welche Informationen und Selbstzeugnisse an die Öffentlichkeit drangen.

Ein Buch, das viel zu seinem Ruhm beitrug, war die *Italienische Reise*. Noch heute zehren davon die bildungswütigen deutschen Urlauber. 30 Jahre nach seiner

wirklichen Reise schilderte er darin abgeklärt seine Erlebnisse in Italien. Besonders an diesem Beispiel sieht man, wie Goethe sein eigenes Leben in Szene setzte. Im Vergleich zu den Erlebnissen, wie sie in Briefen überliefert sind, hat er vieles unterschlagen, zurechtgerückt und geschönt.

Außerdem schrieb Goethe schon früh seine

Illustration von *Dichtung und Wahrheit:* **Der Vater sieht mit Wohlgefallen den von Wolfgang überreichten Band Gedichte durch (1.Teil, 4.Buch). Holzstich, um 1880**

Autobiografie *Aus meinem Leben. Dichtung und Wahrheit (1811–1830)*. Dieses Buch wurde mindestens so berühmt wie seine eigentlichen literarischen Werke. Denn er erlaubte darin einen besonderen Einblick in sein Leben, allerdings nur bis zu der Zeit seiner Ankunft in Weimar.

Schließlich ließ Goethe jahrelang zu, von 1823 bis 1832, dass sein Freund Johann Peter Eckermann (1792–1852) die Gespräche der beiden aufschrieb. Eckermann war selbst literarisch talentiert, sodass seine später veröffentlichten *Gespräche mit Goethe in den letzten Jahren seines Lebens* zu einem der wichtigsten Werke über ihn wurden. Der Philosoph Friedrich Nietzsche (1844–1900) bezeichnete es sogar als »das beste deutsche Buch, das es gibt«.

Goethe wusste schon früh, dass man sein Leben als das eines – wenn nicht *des* – deutschen Nationaldichters sehen würde. Daher achtete er auch immer darauf, welche Briefe er aufbewahrte und welche nicht. Nahm er eine neue Haltung ein, hat er ganze Briefkorrespondenzen vernichtet. Goethe schuf sozusagen ein spezielles Bild von sich selbst, an dem er störende Einzelheiten einfach wegließ.

Die Arbeit gegen den Tod

Wenn es nach der Bibel ginge, währt unser Leben 70 Jahre, wenn's hoch kommt, so sind's 80 Jahre. Andere sterben. Es wird einsam um mich. 1827 stirbt Charlotte von Stein. Wir hatten doch wieder zusammengefunden, in Würde und Anstand. Es bleiben einem zum Schluss ja nicht mehr viele Menschen. Und dann stirbt im nächsten Jahr auch der Herzog Karl August.

1830 stirbt sogar mein Sohn August in Rom. Ich hatte ihn nach Italien geschickt, damit er dort zu sich fände, wie es einst mir erging. Ich habe ihn sogar von meinem Famulus Eckermann begleiten lassen und ihn auch mit Geld und Empfehlungsschreiben gut ausgestattet. Leider hat auch das nichts genutzt. Ich höre, dass er an der Pyramide des Cestius beigesetzt wurde, wo ich mir in Rom selbst einmal mein Grab gewünscht hatte. Immerhin bleiben mir nun seine liebe Frau Ottilie und seine drei Kinder. Sie wohnen weiter in meinem Haus und machen mir das Leben weniger einsam. Ich will vom Tod nichts wissen. Jeden Tag gestalte ich mir mit neuen Aufgaben. Mein Hauptgeschäft ist der zweite Teil des *Faust*. Er hält mich am Leben.

Doch auch andere Werke bringe ich zum Abschluss, so vor allem *Wilhelm Meisters Wanderjahre,* den zweiten Teil meines großen Bildungswerks. Aus allen möglichen Blickrichtungen erzähle ich nun Wilhelms Wanderungen durch die Zeit und den Raum. So entsteht ein Spiegelbild der ganzen modernen Gesellschaft. In diesem gewaltigen Allerlei, das Wilhelm durchschreitet, erkennt er, dass man sich in seinem Leben beschränken muss: Wenn jemand eines tut, tut er alles.

Überdies versuche ich alle meine Werke zu sichten, zu ordnen und für den Druck vorzubereiten. In umfangreichen Verhandlungen habe ich einer neuen Gesamtausgabe meiner Werke zugestimmt, in 40 Bänden. Diese Bücher kann ich 1831 dann wirklich in die Hand nehmen.

Im Juli 1831 vollende ich auch den zweiten Teil des *Faust*. Er ist zu meinem Lebenswerk geworden. Ich versiegele das Manuskript, damit es erst nach meinem Tod veröffentlicht wird. Ich möchte nicht erleben, wie meine lange verfolgten Bemühungen darum schlecht belohnt werden. Und so wie ich es versiegele, kündet sein Abschluss auch vom Ende meines Lebens. Es fällt mir nun schwer, noch nach vorn zu blicken.

So fahre ich am 27. August 1831, einen Tag vor meinem
82. Geburtstag, auf den Berg Kickelhahn im Thüringer Wald,
nicht weit entfernt von Weimar. Als ich aus der Kutsche
steige, werde ich wie magisch angezogen. Dort oben steht
eine Jagdhütte, an deren Bretterwand ich einmal mit Blei-
stift ein Gedicht schrieb: *Wanderers Nachtlied*. Wie lang
ist das her! Wie jung war ich damals! Es war ebenfalls im
späten Sommer, vor über 50 Jahren, als ich dort auf
einer Wanderung allein übernachtet hatte.

Mit gepresstem Atem komme ich an
der Hütte an und steige drinnen die
Treppe hoch. Ich traue mich kaum
nach der besagten Wand zu
sehen. Doch das Gedicht ist
dort noch zu erkennen.
Ich lese es laut vor
und mir stockt
der Atem:

Über allen Gipfeln
Ist Ruh,
In allen Wipfeln
Spürest du
Kaum einen Hauch;
Die Vögelein schweigen im Walde.
Warte nur, balde
Ruhest du auch.

Da schließt sich ein Kreis. Mein Leben nähert sich dem
Ende. Ich spüre es. Trotzdem ist es mir zu kostbar, um
es einfach aufzugeben. Ich will dem Tod nicht begegnen. Es gibt noch zu viel zu entdecken und Neues
zu sehen. Inzwischen fahren sogar Eisenbahnen
in England, die gleich 100 Passagiere über große
Strecken bequem und viel schneller als Pferde-
kutschen transportieren.
Im Januar 1832 nehme ich mir noch einmal das
versiegelte Manuskript des *Faust II,* um noch
einige Stellen zu verbessern. Nichts ist endgültig. Schon ist der Frühling zu
spüren, und ich freue
mich auf die blühenden
Pflanzen und die warmen
Tage. Das Leben hat
so viel zu bieten.

Der große Dichter Goethe

Goethe starb am 22. März 1832 in Weimar, wahrscheinlich an den Folgen eines Herzinfarkts. So sehr wehrte er sich gegen den Tod, dass er nicht im Bett, sondern im Sessel daneben starb. Überliefert ist sein vermeintliches Sterbewort: »Mehr Licht!« Zwar hatte er nur um mehr Licht im Zimmer gebeten, doch nahm man diese Worte als Sinnspruch für sein ganzes Leben. Über seinen Tod hinaus hatte Goethe für die deutsche Kultur eine überragende Bedeutung. Mit der »Goethezeit« wurde nach ihm ein ganzes Zeitalter benannt.

Es mag überraschen, doch Goethe spielte nach seinem Tod zunächst keine große Rolle mehr. In der folgenden Zeit kämpfte nämlich das deutsche Bürgertum für Freiheit, Demokratie und die Republik. Da sah man Goethe als »Fürstenknecht«, der den Adeligen diente.

Goethe auf dem Totenbett.
Holzstich (1832)

Und man sah in ihm den Kosmopoliten, also einen, der zuerst die Menschheit und dann vielleicht die Deutschen liebte. Goethe selbst hatte schon 1808 über die Deutschen gesagt: »Sie mögen mich nicht!« und angefügt: »Ich mag sie auch nicht!«

Ab 1848 vereinigte sich Deutschland nicht unter Demokraten, sondern unter königlichen Herrschern. 1871 wurde sogar unter einem Kaiser der deutsche Nationalstaat aus der Taufe gehoben. Da hob man auch Goethe in größte Höhen: Man brauchte eine Geistesgröße, zu der alle aufschauen konnten.

Seither haben Goethe, seine Werke und geistigen Werte den Deutschen immer wieder als Leitbild gedient – für gute ebenso wie für schlechte Ziele. Auch im Nationalsozialismus rühmte man Goethe als den großen deutschen Nationaldichter. Heute sieht man die Person Goethe auch kritisch, schon weil er von der Demokratie rein gar nichts wissen wollte.

Des Pudels Kern bleibt jedoch der *Dichter* Goethe, dessen Werke großartig und unerschöpflich sind. Sie gehören zur »Weltliteratur«, die über Zeit und Raum hinaus Bedeutung hat. Goethe selbst prägte diesen Begriff. Noch heute werden sie studiert, natürlich in den Theatern aufgeführt und auch an den Schulen immer wieder gelesen. Manche Menschen finden es schwierig, Werke zu lesen, die so alt und auch so anspruchsvoll sind. Aber wenn man lernt, sie zu verstehen, sind sie so reich und spannend wie das ganze menschliche Leben.

Glossar

Antike	*Zusammenfassende Bezeichnung für die griechische und römische Geschichte in dem Zeitraum von etwa 500 v. Chr. bis etwa 500 n. Chr.*
Ballade	*Ursprünglich ein Tanzlied aus Frankreich. Schildert in knapper Form dichterisch ein sinnreiches Ereignis. In Deutschland als Kunstballade von Goethe und vor allem Schiller auf einen Höhepunkt geführt.*
Berlichingen, Götz von (1480–1562)	*Schwäbischer Reichsritter des ausgehenden Mittelalters. Er hatte seine rechte Hand im Krieg verloren und sich stattdessen eine kunstvoll geschmiedete »eiserne Hand« anfertigen lassen, die sogar bewegliche Finger besaß. Er war einer der letzten Ritter, die ihr eigenes Recht rücksichtslos durchzusetzen versuchten. Berlichingen war ständig an Kriegen beteiligt. Sein Lebensbericht diente Goethe als Vorlage für sein Schauspiel* Götz von Berlichingen mit der eisernen Hand.

Brocken	*Höchster Berg im Harz (1.141 m). Er war als Blocksberg bekannt, wo sich der Sage nach jährlich die Hexen zur Teufelsfeier versammelten, der Walpurgisnacht. Der Berg ist unwirtlich. An über 300 Tagen im Jahr herrscht dort Nebel, und im Winter ist er lange mit Schnee und Eis überzogen.*
Karl August, Herzog (1757–1828)	*Herzog und Großherzog von Sachsen-Weimar-Eisenach. Er übernahm schon als 18-Jähriger die Leitung des kleinen Staates. Es gelang ihm, in der großen Politik mitzumischen und seinem Staat außerordentliche Bedeutung zu verschaffen. Dies lag vor allem daran, dass er als aufgeklärter Monarch viele Geistesgrößen um sich versammelt hatte.*
Famulus	*Diener oder Gehilfe. Früher der Gehilfe eines Professors.*
Farbenlehre	*Wissenschaft von den Wirkungen und Empfindungen der Farben. Goethe hielt seine Erkenntnisse auf diesem Feld für so wichtig wie seine literarischen Werke. Er ging aber fälschlich davon aus, das Licht wäre nicht aus einzelnen Farben zusammengesetzt. Seine Forschung dazu entsprang eher dem Gefühl und der Empfindung. Sie ging von*

seiner Vorstellung eines Urbildes aus:
Auch die Farben hätten sich aus einer ein-
fachen Form entwickelt, nämlich aus Gelb
und Blau und Dunkel und Hell.

Faust, Johann | *Ein Alchemist, den es zwar wirklich gab,*
(um 1480– | *aber über den kaum etwas überliefert ist.*
1540) | *Er soll als Zauberer und Wahrsager gewirkt*
haben. Die Sage erzählt, Faust habe mit
dem Teufel einen Vertrag geschlossen,
damit dieser ihm zu Diensten sei.

Gotik | *Der gotische Stil entwickelte sich im zwölften*
Jahrhundert in Frankreich und beherrschte
danach die Kunst in ganz Europa. Die Gotik
zeichnet sich durch verschlungene, »gebro-
chene« Formen aus. Am eindrucksvollsten
zeigte sie sich in der Architektur, besonders
im Bau von Kirchen, z.B. dem Straßburger
Münster oder dem Kölner Dom.

Guillotine | *Automatisches Fallbeil zur Enthauptung*
von Menschen.

Heiliges | *Dieses Staatsgebilde bestand in Deutsch-*
Römisches | *land vom Mittelalter bis zum Jahr 1806.*
Reich | *Es besaß einen Kaiser, der aber über keine*
Deutscher | *wirkliche Regierungsgewalt verfügte, und*
Nation | *war zerteilt in viele kleine adelige Herr-*
schaftsbereiche.

Herder, Johann Gottfried (1744–1803)	*Dichter und einer der wichtigsten Förderer der deutschen Sprache und Literatur. Er setzte sich als einer der Ersten dafür ein, in Literatur und Sprache den französischen Einfluss zurückzudrängen und auf deutsche Vorbilder wie Sagen, Märchen und Volkslieder zurückzugreifen. Er regte sowohl den* Sturm und Drang *als auch die* Weimarer Klassik *an.*
Hexameter, der	*Klassisches antikes Versmaß. Im Hexameter sind etwa die Epen Homers überliefert. Er besteht aus einem Vers von sechs Einheiten (wörtlich »Sechsmaß«) langer und kurzer Silben, im Deutschen betonter und unbetonter Silben: den Versfüßen. Der Hexameter wurde im 18. Jahrhundert angesichts der Antikenbegeisterung ins Deutsche übertragen. Seine Versfüße sind die so genannten Daktylen (von Daktylus): dreisilbige Worte wie etwa »Königin« mit einer betonten und zwei unbetonten Silben.*
Jambus, der (Plural: Jamben)	*Verseinheit (Versfuß), die im Deutschen aus einer unbetonten, gefolgt von einer betonten Silbe besteht. Beispiel: »Betont.«*
Metamorphose	*Ausdruck für einen Wandel der Gestalt, in der Natur für eine Verwandlung von Pflan-*

zen und Lebewesen, wenn etwa aus einem Samenkorn eine Pflanze entsteht. Für Goethe war die Metamorphose an seine Vorstellung einer Urform geknüpft, aus der sich alles entwickelt habe. Zwar forschte Goethe aus der Anschauung und nicht »wissenschaftlich« abgesichert, doch kommen seine Vorstellungen dem modernen Evolutionsgedanken nahe.

Montgolfiere | Der in Frankreich erfundene Heißluftballon, benannt nach den Brüdern Montgolfier. Die erste Montgolfiere stieg 1783 auf.

Napoleon I. (1769–1821) | Als Kaiser der Franzosen von überragender, aber zwiespältiger Bedeutung. Als Machtmensch versuchte er, ganz Europa zu unterwerfen, setzte aber mit dem von ihm geschaffenen Code Civil zugleich grundlegende rechtstaatliche Prinzipien durch.

Newton, Isaac (1642–1727) | Der englische Naturwissenschaftler gilt als Begründer der klassischen theoretischen Physik, der insbesondere die Regeln der Mechanik verfasste.

Preußen | Einflussreichster deutscher Staat, der die moderne Geschichte ganz Deutschlands prägte. Preußen beherrschte zur Zeit Goethes bereits einen Großteil West-, Nord-

und Ostdeutschlands. *Der Staat Preußen gründete sich auf Zucht und Ordnung, auf bedingungsloser Disziplin und Unterwürfigkeit. Seine Macht gewann er vor allem durch seine äußerst schlagkräftige Armee.*

Schiller, Friedrich von (1759–1805)

Der zweite bedeutende Dichter der Weimarer Klassik, *der sich seine Dichtung im Vergleich zu Goethe vom Mund absparen musste. Er wurde jung in die Militärakademie gezwungen und mit soldatischem Drill erzogen. In seinen Dramen setzte er sich wortgewaltig für die Freiheit des Menschen ein. Er litt beinahe sein ganzes Leben unter Krankheiten und starb früh. Schiller galt immer als der deutsche Freiheitsdichter und wurde entsprechend verehrt.*

Siebenjähriger Krieg

Begann als Krieg zwischen Österreich und Preußen um die Vorherrschaft in Mitteleuropa. Bald verwickelten sich darin alle europäischen Staaten, einschließlich Russland. Dabei wurde die Auseinandersetzung um die Vorherrschaft in Europa auch in Nordamerika ausgetragen, wo Frankreich und England um die Besitzansprüche ihrer Kolonien kämpften. Er dauerte von 1756 – 1763.

Zeittafel – Goethes Leben

1749 28. August: Johann Wolfgang Goethe wird in Frankfurt am Main geboren.

1765 Beginn des Jurastudiums in Leipzig

1771 August: Promotion zum Lizentiaten der Rechte; Rückkehr nach Frankfurt; *Götz von Berlichingen*

1768 Sommer: Schwere Erkrankung, Heimkehr nach Frankfurt

1770 April: Wiederaufnahme des Studiums in Straßburg; ab Oktober: Beziehung zu Friederike Brion

1772 Mai bis September: Tätigkeit am Reichskammergericht in Wetzlar; Bekanntschaft mit Charlotte Buff

1774 *Die Leiden des jungen Werther; Clavigo*

1786 – 1788 Italienreise; *Iphigenie auf Tauris* (Versfassung); *Egmont*

1788 Rückkehr nach Weimar; Entlastung von den meisten Regierungsgeschäften, Übernahme wissenschaftlicher und künstlerischer Aufgaben; Juli: Beginn der Beziehung zu Christiane Vulpius; *Römische Elegien*

1775 April: Verlobung mit Lili Schönemann (Auflösung im Herbst); Mai bis Juli: »Geniereise« in die Schweiz; 7. November: Ankunft in Weimar

1776 Eintritt in den weimarischen Staatsdienst

1779 *Iphigenie auf Tauris* (Prosafassung)

1789 Beginn der Französischen Revolution (1789–1799); 25. Dezember: Geburt des Sohnes August

1790 *Die Metamorphose der Pflanzen; Faust, ein Fragment*

1792 Teilnahme an der Kampagne in Frankreich

1793 Beobachter der Belagerung von Mainz; *Reineke Fuchs*

1794 Beginn der Freundschaft mit Schiller

1806 April: Abschluss von *Faust I;* Oktober: Schlacht bei Jena und Besetzung Weimars; Trauung mit Christiane Vulpius; *Metamorphose der Tiere*

1808 Oktober: Zusammentreffen mit Napoleon

1795/96 *Wilhelm Meisters Lehrjahre*

1797 Balladen

1798 *Hermann und Dorothea*

1805 9. Mai: Tod Schillers

1809 *Die Wahlverwandtschaften*

1810 Abschluss der *Farbenlehre*

1811 *Dichtung und Wahrheit, erster Teil* (weitere Teile erscheinen 1812, 1813 und 1830)

1813 16.–19. Oktober:
Völkerschlacht bei Leipzig

1814 Begegnung mit
Marianne von Willemer

1816 6. Juni: Tod
Christiane von Goethes;
*Italienische Reise,
erster und zweiter Teil*

1828 14. Juni:
Tod des Großherzogs
Karl August

1829 *Wilhelm
Meisters
Wanderjahre*

1817 Juni: Heirat
Augusts von Goethe mit
Ottilie von Pogwisch

1819 *West-östlicher Divan*

1823 Leidenschaftliche Zuneigung für Ulrike von Levetzow;
Marienbader Elegie

1830 26. Oktober:
Tod Augusts von
Goethe in Rom

1831 22. Juli:
Abschluss des *Faust II*

1832 22. März:
Tod Goethes

Inhalt - erzählende Kapitel

Inhalt – Sachkapitel

Quellennachweise

akg-images, Berlin: S. 4, 21, 29, 37, 76, 85, 92
Bildarchiv Preußischer Kulturbesitz (bpk), Berlin: S. 12, 36, 44, 52, 60, 68, 98

Impian Geschichte & Biografien

ISBN 978-3-96269-092-2

ISBN 978-3-96269-086-1

ISBN 978-3-96269-087-8

ISBN 978-3-96269-088-5

Jeder Titel 4,95€, mit festem Einband | www.impian.de